MOLINIE 1084

LÉGENDES
DU
FLORIVAL.

LÉGENDES DU FLORIVAL,

OU

A MYTHOLOGIE ALLEMANDE

DANS UNE

VALLÉE D'ALSACE

PAR

M. L'ABBÉ CH. BRAUN.

GUEBWILLER

Typographie J. B. JUNG.

1866

PRÉFACE.

Les Origines de Guebwiller, tel avait été le sujet d'un petit discours prononcé à la distribution des prix du Pensionnat des Frères. Ce sujet, de quelque manière qu'il fût traité, ne pouvait manquer d'intéresser un auditoire composé en grande partie des représentants de la vieille cité, et quelques amis m'exprimèrent le désir de voir mon essai reproduit par la presse locale. Mais pouvais-je me faire illusion? Cette rapide esquisse, qui avait bien pu suffire pour la circonstance, aurait médiocrement satisfait à une lecture reposée. Plus d'un point d'ailleurs laissait à désirer; d'autres auraient exigé quelques développements. Je ne pouvais donc que demander grâce à mes amis, non sans leur promettre toutefois de reprendre mon travail en sous-œuvre, afin de pouvoir leur offrir quelque chose de plus soigné, de plus complet. Et voilà comment, une question en appelant une autre, je suis arrivé enfin, d'explication en explication, à présenter au public, au lieu de quelques pages d'un petit discours de circonstance, un volume, un livre, j'allais presque dire un ouvrage.

Ce n'est pas tout. Au lieu de traiter exclusivement d'histoire, en prenant la question de nos origines comme point de départ pour suivre les développements de la cité, laissant cette tâche à un autre plus habile que moi, j'ai préféré pousser plus loin, et remontant toujours le cours des traditions, je suis allé à la recherche d'autres origines. Attiré par le parfum des légendes, j'ai voulu cueillir ces fleurs, et passant ainsi du domaine de l'histoire dans celui de la fable, je me suis égaré dans la forêt enchantée de la mythologie. Il m'est arrivé ici ce qui arrive souvent quand on exploite une mine : en suivant un filon j'en ai rencontré un autre qui m'a semblé plus riche, et mon travail a changé de direction, ou pour mieux dire, je suis allé au-delà du but que je m'étais proposé.

C'est surtout en recherchant l'origine et la signification des armes de la ville, que j'ai été amené, on verra comment, sur le terrain mythologique. Si je n'ai pas trouvé tout ce que je désirais, peut-être ai-je été plus heureux là où je n'avais pas cherché d'abord. En effet, j'ai eu beau chercher et compulser au sujet de nos armes, ne découvrant que des documents incomplets, j'ai dû, à défaut de preuves, me borner à des hypothèses. Je n'en ai pas moins cru devoir soumettre au public le résultat de mes recherches, dans la pensée qu'un autre saura peut-être, à l'aide de ces données, faire de nouvelles découvertes et arriver ainsi à résoudre le problème. Ce ne serait pas la première fois que de simples conjectures auraient indiqué le chemin de la vérité. Le lecteur me pardonnera mes conclusions en considération de mes prémisses, si j'ai réussi à l'intéresser du moins par mes études mythologiques, question nouvelle qui se rattache à la question historique par plus d'un point; car plusieurs parties de notre histoire reposent sur des origines mythologiques, comme on voit quelquefois une église bâtie sur les fondements d'un temple détruit.

Toute histoire ancienne a son point de départ dans les traditions religieuses, et toute ancienne religion, hormis la religion révélée, se base sur les croyances mythologiques. La mythologie des Grecs et des Romains nous est connue, grâce surtout aux œuvres d'art et d'esprit qui se sont inspirées de ses mythes. La littérature orientale est plus riche encore, et quant aux traditions de la mythologie scandinave, on sait qu'elles se trouvent consignées dans les livres des Eddas. Comment les Germains, nos ancêtres, n'auraient-ils pas eu leur mythologie aussi bien que les autres peuples? Car la religion, vraie ou fausse, est de tous les temps et de tous les lieux, et croyants ou crédules, les peuples ont besoin de religion pour vivre comme ils ont besoin d'air pour respirer. Malheureusement les Germains, au milieu de ce carrefour de l'Europe où tant de hordes se croisaient, n'eurent pas le temps de nous léguer des monuments d'art, des documents, une littérature, un de ces poèmes où se reflète toute une civilisation avec ses croyances et ses mœurs. Les indications de l'historien

Tacite, quelques fragments d'histoire ou de poésie, les analogies de la mythologie grecque, et surtout la proche parenté de langue et de race avec les peuples scandinaves, telles furent les premières données à l'aid desquelles les savants de l'Allemagne, Grimm en tête (1) se mirent à la recherche des dieux perdus. Mais c que l'historien n'a pas consigné, ce que n'ont immor talisé ni l'artiste ni le poète, le peuple en a conserv une partie comme embaumée dans la poésie de se légendes, de ses traditions, de ses superstitions mêm et c'est aussi la partie la plus intéressante, la plu utile à connaître.

Les nations de l'antiquité, tout éloignées qu'elles s trouvaient souvent les unes des autres, avaient co servé dans leur mythologie un fonds commun traditions identiques, ce qui atteste pour ces traditio une ancienne communauté d'origine. Mais ces dogm primitifs de la révélation dont on avait gardé vagu ment le souvenir, comme la Chute de l'homme et Rédemption, les peuples, par un affreux malentend les avaient traduits partout en sanglantes immolatio d'hommes; ces symboles du culte de la nature q devaient être comme la langue sacrée des mystèr l'homme, les prenant pour de vivantes réalités, s' était fait autant de dieux à son image pour s'ador lui-même dans chacune de ses idoles, et à mesure q

---

(1) J. Grimm, *Deutsche Mythologie*; Wolf, *Beiträge* ∝ *Deutschen Mythologie*; Panzer, *id.*

les intelligences s'obscurcissaient et que le flot de la corruption montait, la Religion y jetait son encens et la Poésie ses fleurs. Le paganisme sut ainsi trouver le grand secret de toutes les grandes erreurs : un certain mysticisme qui flatte l'orgueil et endort la conscience, sans gêner en rien les passions et les intérêts, tout cela relevé par le sentiment patriotique et embelli par les vives couleurs de l'imagination.

Ce n'est pas une étude sans intérêt que de suivre ainsi l'idée païenne dans ses évolutions successives, et de voir les peuples arriver l'un après l'autre, après avoir perdu la connaissance de Dieu, du panthéisme jusqu'au matérialisme le plus abject, en descendant par tous les degrés du polythéisme. Le passé nous explique alors le présent, et l'histoire comparée de ces peuples, de tous ces fils prodigues qui ont commencé par dissiper l'héritage des vérités divines, pour en venir jusqu'à douter des vérités de sens commun, nous démontre une fois de plus que la raison humaine, abandonnée à ses propres lumières, s'égare toujours dans les mêmes ténèbres.

Le premier soin des apôtres de la Germanie, après la conversion des barbares, ce fut donc de renverser ces autels sanglants, de proscrire ces honteux symboles, d'abolir ces sacrifices et ces mystères qui constituaient le culte païen. Mais cette tâche accomplie, une autre commença, plus longue et plus ardue : ces hommes qui s'étaient plutôt rendus que convertis, il fallut aussi les changer, les civiliser. En effet, ces conversions en masse, comme elles se faisaient alors, avaient nécessairement dû laisser debout plus d'une croyance, plus d'une pratique superstitieuse. Qui ne sait ce qu'il en coûte encore aujourd'hui, au grand jour de la civilisation, de dissiper seulement un préjugé, d'abolir une coutume, de réformer un abus tant soit peu invétéré, ou de ramener et de changer un seul homme? Et il ne s'agissait de rien moins alors que de changer l'esprit et le cœur, de réformer les mœurs et les coutumes de tout un peuple, et de quel peuple! Faut-il s'étonner, après cela, que plus d'un débris de paganisme ait surnagé? Aussi bien, ce que l'on se plaît à appeler les superstitions du Moyen-Age, ce pauvre Moyen-Age en était souvent fort innocent, comme de bien d'autres inventions que l'on met sur son compte ou sur le compte de l'Église. Et cependant, voilà que ces mêmes savants qui, parce que l'Église a associé la nature au culte de Dieu, auteur de la nature, avaient toujours à la bouche le reproche d'idolâtrie et de superstition, en sont aujourd'hui à regretter pour l'Allemagne de ne pas voir conservé ce qu'ils appellent le culte national, et Berlin, *la ville de l'intelligence,* publie des traités sur la poésie des superstitions! Tant il est vrai que l'Église, quoi qu'elle fasse, aura toujours tort, pour avoir finalement toujours raison.

La superstition est d'origine païenne, car elle a sa racine dans le culte de la nature divinisée. Elle se produit naturellement dans toute intelligence qui n'est pas éclairée par la vérité, comme ces plantes de nos montagnes qui ne croissent qu'à l'ombre, et il y en aurait long à dire, si l'on voulait énumérer tout ce que l'on voit renaître de crédulité, de préjugés, de superstitions même, partout où la foi s'éteint.

En cessant d'élever ses regards vers le ciel, d'où lui venait la lumière, l'homme dut nécessairement les abaisser vers la terre, et au culte de Dieu il substitua le culte de la créature. Mais dans ce sanctuaire de la nature d'où il avait banni Dieu, il ne tarda pas à rencontrer d'autres forces, d'autres puissances mystérieuses, la plupart ennemies de l'homme, et de là ses craintes, ses terreurs, ses superstitions. Le culte de la nature eut ainsi son côté sombre et fantastique, comme il avait son côté riant et poétique. Il en fut de même de la superstition.

L'Église, après avoir aboli l'idolâtrie, proscrit le culte du mensonge et du vice, et chassé de la nature, ce temple extérieur de la Divinité, toutes les fausses divinités qui l'avaient envahi, le consacra de nouveau au vrai Dieu, créateur du ciel et de la terre. Aux sanglantes immolations d'hommes et d'animaux elle substitua le sacrifice non-sanglant de l'Agneau divin ; à tous ces mauvais lieux qui avaient usurpé le nom de temples ou de bois sacrés, elle fit succéder des chapelles, des églises, des cénobies, et à la place de ces héros imaginaires, de ces vains mythes qui ne personnifiaient que les phénomènes de la nature et les vices de l'humanité, elle proposa à la vénération et à l'imitation de l'homme de vrais héros, modèles de vertu et personnification de la sainteté. Ainsi purifiée, sanctifiée par la religion, associée à la pompe de ses fêtes et à la décoration de ses temples, la nature parla aux hommes un autre langage, elle chanta à Dieu un cantique nouveau, et le christianisme eut aussi son culte de la nature, sa poésie extérieure et son symbolisme.

C'eût été méconnaître la nature de l'homme que de vouloir l'arracher, en quelque sorte, des bras de sa mère. Mais comment les Germains à peine convertis, comment ces enfants de la nature auraient-ils pu oublier en un jour tous les symboles de l'ancien culte, ces images, ces figures si pleines de vie et de couleur dont la réalité demeurait constamment sous leurs yeux? Il se forma ainsi, sous l'inspiration des idées chrétiennes, mais en-dehors de la sphère des dogmes et du culte, une mythologie nouvelle, presque toujours morale, bien que greffée sur l'ancienne, et qui ne cessa de se modifier et de s'épurer encore, à mesure que les mœurs s'imprégnaient de la sève du christianisme. Les principales divinités furent transformées en mythes héroïques, et des divinités subalternes on fit des génies, des lutins, des ondins, des fantômes, des nains, des elfs. L'ancien dieu avait-il représenté une des grandes forces de la nature, quelque phénomène terrible, comme le feu, la foudre ou la tempête, on lui prêtait les traits du Démon pour en faire un mauvais génie comme lui. Les déesses à leur tour descendirent, suivant leur caractère, au rang de dames blanches, de bonnes fées ou de sorcières. L'origine de chacun de ces personnages se reconnaît aisément à ses traits, à son caractère, à ses attributs surtout, presque toujours empruntés au symbolisme de l'ancien culte.

Comme ce dernier, le nouveau symbolisme chrétien embrassa le ciel et la terre avec les trois règnes de la nature; il eut, comme lui, ses trésors souterrains, sa flore poétique et sa faune. Combien de dénominations populaires, dans le jardin de la nature, ne le doivent qu'à cette origine d'être si belles, si gracieuses, si pleines de sens et de poésie! Mais un jour la Science est entrée dans ce jardin, elle a foulé ces parterres, marché sur ces fleurs, et depuis ce jour-là, le peuple ne reconnaît plus ni sa flore ni sa faune. Les artistes et les poètes, de leur côté, au lieu de s'inspirer du symbolisme chrétien et national, ont préféré retourner à la mythologie grecque, dont les fictions étaient à peine comprises, et pendant trois siècles nous avons vu passer et repasser sous nos yeux, comme une mascarade, tout le personnel de l'Olympe.

C'est donc entre les mains du peuple que s'est conservé le dépôt des traditions nationales; c'est là, dans les légendes et dans les contes populaires *(sagen und mæhrchen)*, si dédaignés jusqu'à ce jour, que l'on a retrouvé les fondements et les débris de cet édifice ruiné de l'ancienne religion, dont on voudrait aujourd'hui nous donner les dimensions, nous décrire la forme. Aussi voyons-nous se faire, dans ce but, un travail de recherches et de comparaison qui s'étend à toutes les contrées de l'Allemagne, presque à tous les pays de l'Europe.

Ancien membre du grand corps germanique, l'Alsace ne pouvait rester étrangère à ce mouvement.

A l'époque où la bataille de Tolbiac donna enfin à

l'Alsace des maîtres définitifs, le christianisme y avait déjà précédé les Francs, et il venait de pénétrer dans leurs propres rangs par la conversion de Clovis. Par conséquent toute trace, dans une contrée, d'un culte païen autre que celui des Gallo-Romains, nous est une preuve en même temps que cette contrée était occupée depuis longtemps, à l'arrivée des Francs, par une population d'origine germanique, par cette population germano-romaine qui a fini par refouler l'élément celtique au-delà des Vosges. Ces souvenirs d'un culte localisé ne doivent pas être confondus néanmoins avec certaines traditions générales, communes à toutes les tribus de race germanique, et que les peuples, convertis ou non, ont pu apporter d'ailleurs, pour les conserver en les localisant sous forme de légendes, comme on append un tableau au mur, après que l'on a pris possession d'une nouvelle demeure. Isolées entre elles par le système féodal et comme parquées sur le sol que chacune occupait, ces populations durent, par cela même, conserver d'autant plus fidèlement leurs us et coutumes, leurs traditions et leurs croyances, particulièrement dans les pays de montagnes où la nature venait joindre ses barrières à celles de la féodalité. Quand on voit, par exemple, un petit territoire comme celui de l'abbaye de Murbach garder pendant plus de mille ans sa population et son gouvernement, on doit concevoir que les traditions y aient été lentes à disparaître. Mais autant les souvenirs sont restés vivaces jusqu'à la Révolution, autant ils tendent à s'effacer vite depuis cette époque, et cela pour plus d'une raison. Un mouvement incessant d'immigration et d'émigration amené par l'industrie, les habitudes de la vie domestique changées, les veillées du foyer remplacées par celles de l'atelier, la conscription, la lecture, voilà autant de causes qui nous expliquent le changement survenu dans les idées et dans les mœurs. Aussi en est-il aujourd'hui de la plupart des anciennes traditions comme de ces objets d'art que nous avait légués le passé, et dont on apprend en même temps et qu'ils ont existé et qu'ils n'existent plus. Raison de plus, quand on rencontre de ces souvenirs, de les recueillir et de les conserver. Comme il n'y a rien de nouveau sous le soleil, le passé nous fait souvent entrevoir l'avenir, et les souvenirs nous tiennent ainsi lieu d'espérances pour nous consoler du présent, ou tout au moins servent-ils à nous en distraire. Ils sont aussi comme l'âme d'un paysage et le plus bel ornement d'une contrée. Les raviver, les multiplier, c'est donc en quelque sorte agrandir le pays même, et ces conquêtes sur le temps ont du moins cet avantage qu'elles ne se font point, comme les autres, au détriment d'un voisin.

Ce que M. Aug. Stœber (1) a fait pour l'Alsace, je l'ai essayé pour la vallée de Guebwiller. Réunissant ce que j'ai pu recueillir de légendes et de traditions, je les ai classées par ordre, de manière à m'en servir comme d'exemples à l'appui de mon exposé du système mytho-

---

(1) *Sagen des Elsasses.*

logique allemand, et en même temps j'ai cherché à expliquer l'origine de ces traditions, la signification de ces mythes. Mon principal but, en essayant ces explications, c'était de montrer au peuple l'inanité de tous ces fantômes, tout en lui conservant ses légendes pour ce qu'elles peuvent offrir d'intéressant et d'utile. Au reste, je suis loin de me dissimuler tout ce que doit présenter de défectueux un essai de ce genre, nécessairement incomplet; mais tel qu'il est, j'ose néanmoins le soumettre au jugement du public, ne fût-ce que pour m'acquitter d'une dette d'amitié et faire preuve au moins de bonne volonté.

Mais c'est à vous surtout, anciens élèves de l'Établissement, qu'une main d'ami présente aujourd'hui ce livre, ou plutôt ce recueil, comme un bouquet de légendes que nous avons cueilli ensemble avec les fleurs de la montagne, et qui vous rappellera plus d'un agréable souvenir. Puissent ces souvenirs et les leçons de votre jeunesse vous être toujours également chers!

5 Mars 1866.

CHAPITRE PREMIER

ODIN.

—•◦•—

I.

Les origines de Guebwiller.

Toute origine est petite. En l'année 774, le 10 Avril, un nommé Williarius, qui venait de perdre sa femme, voulant faire quelque chose pour l'âme de la défunte, donna à l'abbaye de Murbach un champ situé à Rædersheim. L'acte de donation fut fait *in villâ Gebunwilare,* et c'est à la conservation de ce document que nous devons la première mention connue du nom de Guebwiller.

Le mot *villa* ne peut s'entendre ici que dans le sens de village ou de hameau *(weiler)*, c'est-à-dire d'un certain nombre d'habitations formant ensemble, selon la coutume de ce temps, une colonge, espèce de commune libre s'administrant elle-même sous la protection du seigneur de la contrée. Dès cette époque, en effet, Guebwiller se présente à nous comme une localité située au centre d'une marche, *in ipsâ marchâ.* Le seigneur était l'abbé de Murbach, en sa qualité d'héritier du comte d'Eguisheim. Mais la marche elle-même ne se bornait pas toujours au territoire d'une commune;

ce mot se prenait aussi dans un sens plus large, plus général. Ecoutons plutôt M. l'abbé Hanauer :

« Sur les bords d'une rivière, dans le creux d'un vallon, au pied d'un côteau chargé de vignes, au milieu de jardins et de vergers, se groupaient quelques châlets rustiques. C'était là le noyau de la colonge. Autour de ces demeures s'étendaient les prés et les champs. Plus loin l'œil se reposait sur un immense tapis de verdure, sur de vastes pâturages. Plus loin enfin s'élevaient des forêts de chênes et de pins, qui encadraient la villa de leur sombre feuillage et isolaient souvent ce petit monde du reste de l'univers.

« Ces pâturages et ces forêts formaient le bien communal, appelé en général *Allmende*, lorsque l'usage en était réservé à une seule villa, et *mark*, lorsqu'il appartenait d'une manière indivise à deux ou plusieurs communes.

« Lorsque les Germains passèrent de la vie nomade à la vie agricole, ils se partagèrent le pays par familles et par tribus. Toutes les contrées occupées par une même famille reçurent le nom de marche; les fraction de la famille se dispersèrent par groupes et fondèren des hameaux, où chaque habitant obtint son lot d terre à exploiter; le reste du territoire demeura pro priété commune et servit à l'entretien de nombre troupeaux qui continuèrent à former la principal richesse du paysan. Des plaids plus ou moins fréquents dans lesquels tous les assistants rendaient la justice tranchaient les différends, débattaient et décidaient le affaires politiques, servirent à maintenir l'union et l concorde entre les membres d'une même marche (1).

---

(1) *Les Paysans d'Alsace au Moyen-Age.* Etude sur l cours colongères de l'Alsace. P. 44.

Il s'agit ici, on le voit, non plus du territoire propre d'une seule villa, mais de la marche commune, comprenant dans ses limites tout le territoire de la colonie primitive, avec toutes les tribus de la famille. Cette marche commune, pour Guebwiller, on pourrait encore en déterminer les limites, peut-être même en compter les tribus, les hameaux dont elle a dû se composer dans l'origine. En effet, l'abbé de Murbach lui-même nous apprend, dans sa charte de fondation pour le couvent de Goldbach, que l'ancienne communauté de biens par indivis existait encore en 1135. Nous y lisons : « Les principaux habitants de nos villas de Gebenwilre, Bercholz, Hostein (1), Isenheim, Merchenheim, Retheresheim et des autres terres voisines se réunirent, et tant en leur nom qu'au nom de leurs concitoyens, voulurent présenter leur offrande à ce nouveau temple du vrai Dieu. Ils donnèrent, par bienveillance et gratuitement, sur leur marche commune et les forêts à l'entour (*de communi suo commarchio et silvestri conterminio*), une quantité si considérable de terres, que le domaine par nous concédé se trouva plus que décuplé. »

Que si maintenant nous nous transportons au haut du Kastelberg, vulgairement dit Oberlinger, ou seulement à l'extrémité du plateau inférieur, près de la croix, il nous sera facile, de ce point élevé, d'embrasser d'un coup-d'œil tout le territoire de la marche, et de nous figurer ainsi plus aisément l'aspect que devait présenter ce « petit monde isolé du reste de l'univers. »

Voici d'abord, à notre droite, la vallée avec son en-

---

(1) Village près d'Issenheim, disparu comme celui de Herckheim, près de Guebwiller, et celui de Bleyenheim, du côté de Merxheim.

cadrement de montagnes boisées qui, s'élevant de sommets en sommets, forment un vaste amphithéatre de forêts, le tout dominé par la tête chauve du Grand-Ballon. Guebwiller est là à nos pieds, s'allongeant et s'élargissant toujours dans son berceau de verdure, le remplissant de plus en plus en débordant partout à travers les brèches de sa vieille enceinte rompue. Effaçons tout cela et figurons-nous ce tapis de verdure se prolongeant au loin dans la plaine, mais bordé, comme une clairière, de hautes forêts qui tantôt se rapprochent et tantôt s'écartent en laissant voir, chaque fois, un nouveau groupe d'habitations, une nouvelle colonge. Ces pâturages commencent au *Merckwald*, derrière Lautenbach, et en suivant le cours de l'eau, ils s'étendent, comme un prolongement de la vallée, jusqu'au-delà de *Merckenheim*, où la Lauch, se détournant brusquement vers le nord, s'échappe de la clairière. Ajoutez maintenant aux six localités déjà mentionnées dans la charte de 1135, avec les deux villages détruits de Herckheim et de Bleyenheim, les deux villages anciens de la vallée, Lautenbach et Bühl, et vous trouverez pour la marche de Guebwiller dix tribus, chacune se composant originairement de cent feux.

« La subdivision de la terre colongère, dit M. Mossmann (1), était la *hub*, mot qui paraît n'être qu'une traduction du latin *caput*, désignant l'unité cadastrale de l'administration impériale. La *hub* permet donc de supposer un partage fait d'après ses règles à des colons d'origine germanique. La colonge ne serait ainsi que la décanie franque jetant ses racines dans le sol gallo-romain, s'administrant, se jugeant par elle-même,

---

(1) *Musée pittoresque de l'Alsace*, p. 182.

n'étant obligée envers le prince qu'au service militaire, transformé plus tard en cens ou en redevances en nature, quand le souverain eut aliéné ses droits. Il est à supposer du reste qu'à côté de ces colonies libres, les seigneurs terriens, les riches abbayes ont créé des cours colongères serviles, calquées sur le même patron, mais avec des charges plus lourdes en rapport avec la condition des colons. »

Nous retrouvons encore à Guebwiller même un exemplaire de ce dernier genre de colonge, dans celle de notre *Hubenthal,* instituée par l'abbé de Murbach au profit de ses hommes-liges, *les hommes de Saint-Léger.* Cette colonge a duré jusqu'en 1445, où, trois jours après la délivrance de la ville menacée par les Armagnacs, elle s'est vu fondre enfin dans le droit commun de la cité, droit qui d'ailleurs n'était plus guère de nature à porter ombrage au seigneur.

De quelle race, de quelle nation germanique sortait la colonie qui vint fonder la marche de Guebwiller? C'était, on n'en saurait douter, une colonie d'Alémans; car, à défaut de certitude historique, la langue du pays nous atteste suffisamment que l'Alsace, bien avant que les Francs vinssent l'envahir par le nord, a été occupée au sud, n'importe à quelle époque précise, par la race alémanique ou suève; et de là sans doute, du Jura à la Lauter, cette gradation de nuances dans l'idiôme populaire de la province, gradation qui semble indiquer encore, pour chaque point du territoire, dans quelle proportion s'y sont mêlés les deux flots qui l'ont successivement submergé. Dès longtemps avant l'arrivée des Francs, les Romains avaient cédé, de gré ou de force, une grande partie des deux Germanies cis-rhénanes à des peuples d'outre-Rhin, à charge à ceux-ci de défendre le territoire contre les invasions subséquentes. Tribus pastorales pour la plupart, les Germains, à leur arrivée sur le sol de l'Alsace, devaient s'attacher de préférence, comme à autant de mamelles fécondes, à ces nombreux cours d'eau qui descendent du versant oriental des Vosges. C'est ainsi que les premières colonies se seront établies à l'entrée des vallées, au pied de ces montagnes où elles trouvaient au besoin un refuge avec leurs troupeaux, sous la protection ou sous la surveillance de ces camps retranchés, de ces castels romains qui défendaient les passages et qui, de leur côté, avaient besoin de ces mêmes colonies dans leur voisinage, tant pour se recruter en hommes que pour s'approvisionner en vivres et en munitions. Le poète Lucain nous apprend, que dès le temps de César les Romains établirent des camps sur les promontoires abrupts des Vosges. Or, un camp de cette espèce, dont on voit encore les retranchements, se trouvait établi sur le plateau du Sehring, à l'entrée de la vallée de Guebwiller. On sait que les Germains désignaient leurs camps par le mot *ring,* et ce nom même de *Sch-ring* pourrait fort bien, dès-lors, avoir servi à désigner un camp d'observation.

Il existe, il est vrai, une autre étymologie qui va mieux à l'imagination du peuple, mais dont le premier défaut est de ne pas tenir compte de la prononciation du mot. C'est celle qui fait dériver *Sehring* de *Seering,* par allusion à cet anneau de fer que l'on prétend y avoir été trouvé un jour, scellé au rocher de la falaise, et qui aurait servi à amarrer les vaisseaux, alors que la vallée du Rhin n'était encore qu'un grand lac. Ce qui a pu donner lieu à la fable des anneaux de fer, c'est sans doute l'aspect de ces bancs de grès où l'on voit souvent, comme au Kastelberg, certaines couches plus friables minées par l'action de l'air, comme si elles l'eussent été par un courant d'eau dont elles semblent encore marquer le niveau. Cette même fable se répète ailleurs, et le nom de *Meerhund,* qui sert à désigner un canton au pied du Sehring, devait contribuer ici à l'accréditer.

Le séjour de ces camps à poste fixe sur les hauteurs ne pouvant être que très-incommode, les Romains ne tardèrent pas à substituer à leurs retranchements des enceintes de pierres, des murailles flanquées de tours, des castels, des châteaux forts. Sous le règne d'Auguste, Drusus fit construire plus de cinquante de ces forts pour la défense de la ligne du Rhin. Notre château détruit du Kastelberg aurait-il été encore un de ces castels romains? Il est permis de le supposer. Ce château occupait l'extrémité du plateau supérieur de la montagne. Il formait une enceinte triangulaire, séparée du reste du plateau par un large fossé et protégée, tant du côté du fossé qu'à l'extrémité opposée, par une forte tour carrée (1). Un peu plus loin, le plateau prend sur la carte le nom de *Burgenrain.* Avant d'arriver de ce côté-là au fossé du castel, il fallait franchir, à d'assez grandes distances, deux enceintes dont on peut encore suivre la trace à travers la forêt, et qui auront été destinées, en cas d'invasion, l'une à recueillir la population de la marche, l'autre ses troupeaux. De profondes citernes y conservaient l'eau, en outre que le chemin partant du castel, comme celui du camp retranché du Sehring, prenait tout d'abord la direction d'une source avant que de con-

---

(1) Les fouilles que M. Schlumberger-Hartmann a récemment fait exécuter au point dit Geisterkeller, ont mis à découvert les fondements de la première de ces tours, dont on ignorait l'existence.

duire au bas de la montagne. Le chemin du camp vient aboutir en face de la porte de Guebwiller, tandis que le Kastelweg prend la direction de la plaine pour aller déboucher au canton dit *Bux*. Existait-il là, dans le temps, un de ces bois de buis comme le terrain calcaire en présente quelquefois le long du petit Jura? On ne le dit pas, et de fait, il n'en existe aucun dans la contrée. Mais voici que le R. P. Bach, dans un article très-savant publié en 1864 par la *Revue catholique de l'Alsace*, nous apprend que le mot *bux*, comme nom de lieu, signifie un bouk ou *boux*, c'est-à-dire un établissement servant au boucanage des viandes.

Un établissement de ce genre a dû nécessairement exister au pied du Kastelberg.

La victoire de Tolbiac amena en Alsace la domination des Francs. Mais déjà les légions s'étaient repliées vers le centre de l'empire, dégarnissant les frontières et abandonnant à elles-mêmes ces populations qu'elles ne pouvaient plus ni protéger ni contenir. Les marches se constituèrent alors en colonges indépendantes, en attendant l'arrivée d'un nouveau maître. Les Francs, en prenant la place des Romains, soumirent le pays plutôt qu'ils ne l'occupèrent, et fournirent ainsi la classe des hommes libres. Leurs chefs, qui s'établirent surtout au centre de la marche, devinrent ici la souche de cette nombreuse et turbulente noblesse qui donna tant de soucis au seigneur abbé de Murbach. Les comtes d'Eguisheim, ses prédécesseurs avant l'arrivée de saint Pirmin, devaient avoir une résidence à Guebwiller, et serait-il trop téméraire de supposer que le vieux comte Eberhard vint terminer là ses jours, dans le voisinage de cette abbaye qu'il avait fondée et dotée, et qui devait bientôt recevoir encore ses cendres? Ce qui est certain, c'est que l'ancien château de Guebwiller était une construction en tout semblable à celui d'Eguisheim, attribué à Eberhard. C'était un bâtiment de forme octogone, dont il reste encore un côté debout, avec les fondements des autres sous terre (1). Il fut longtemps habité par une branche des nobles d'Ungerstein, et en dernier lieu, dit-on, par trois frères qui s'en allèrent un jour en croisade pour ne plus revenir, après quoi le bâtiment tomba peu à peu en ruine. Enfin, en 1473, un bourgeois nommé Vischer obtint de l'abbé la permission de le reconstruire, avec droit de jouissance jusqu'au remboursement de ses frais. C'était là le vrai château de Guebwiller, car le château neuf, dit *Neuenburg*, ne fut bâti qu'en 1342, par l'abbé Werner de Murnhardt, puis brûlé par les Français en 1637, et reconstruit à neuf en 1720, par l'abbé de Lœwenstein.

C'est donc là, au vieux château *(die alte Burgstall)*, que nous devons chercher la première résidence des abbés de Murbach à Guebwiller; c'est près de là, tout à côté, que s'élèvera ensuite l'église fortifiée de Saint-Léger, pour former, avec son enceinte extérieure et ses tours percées de meurtrières comme un nouveau castel, en attendant le jour où Guebwiller pourra s'entourer à son tour d'une ceinture de fossés et de murailles. En vain la noblesse, encore plus ou moins indépendante, s'opposera-t-elle de toutes ses forces à la construction de ces murs qui devront protéger les hommes de Saint-Léger; en vain les nobles d'Angræth, à qui chaque pierre de cette construction semblera comme une pierre arrachée de leur propre manoir, chercheront-ils chaque nuit à la renverser; pour n'avoir pas voulu

---

(1) Il sert de pignon de derrière à la maison de Mad. veuve Nidergang. On peut en voir un angle à l'extérieur, d'une belle construction, dans la petite cour de M. Hœffliger.

courber la tête comme les autres, ils seront brisés et leur fier donjon égalé à la terre. Lorsque nous voyons l'abbé de Murbach chasser de sa ville, ou peut-être seulement de son castel, *de castello suo*, tous les nobles de Guebwiller, il faut croire que ce ne fut pas uniquement pour mettre fin à leurs sanglantes querelles, mais aussi parcequ'ils mettaient obstacle à l'établissement de sa petite souveraineté féodale ; car les petits souverains devaient avoir, sous ce rapport, la même histoire que les grands.

Si les nobles de Guebwiller furent chassés de la ville, ils ne tardèrent pas à y rentrer, et ils purent considérer comme une revanche cette circonstance, que l'abbaye de Murbach devint elle-même une abbaye noble. « Guebwiller, dit Schœpflin, était la résidence d'un grand nombre de nobles, presque tous vassaux de l'abbaye : c'étaient les Stœrr, les Lobegasse, les Burggrave, les Hatstatt, les Husen, les Ongersheim, les Waldner, les Reinach, les Schauenburg. Wilhelm, Craphto, Burcard, Pierre, Pierre Marchal figurent déjà en 1244 dans une charte de Guebwiller sous le nom de chevaliers de Guebwiller. Ces nobles formèrent entre eux une société qui devint bientôt la plus nombreuse de toutes celles qui s'établirent dans l'Alsace supérieure et le Brisgau. George de Massevaux, abbé de Murbach, fonda, en 1533, à Guebwiller une association de ce genre composée de quarante-sept nobles. » (Trad. Ravenez.)

Par suite de la réunion de l'Alsace à la France, la plupart de ces nobles émigrèrent en Allemagne, si bien qu'au dernier siècle il ne restait plus du Poêle des Nobles *(Herren- und Edelleutstube)* qu'une place couverte de décombres qui fut vendue à Gabriel Ritter, architecte. Une longue rue près de là porte encore aujourd'hui le nom de Rue des Nobles, *Herrengasse.*

S'il faut en croire la tradition, l'église de Saint-Léger aurait été construite avec les matériaux provenant du château démoli du Kastelberg. Le castel serait donc, en quelque sorte, descendu avec ses tours du haut de la montagne dans la vallée, pour y devenir l'acropole de la cité chrétienne. Ce n'est pas que la religion y ait manqué de sanctuaire avant la fondation de Saint-Léger vers le milieu du douzième siècle. Elle en possédait même deux. La chronique nous apprend, en effet, que les fidèles se réunissaient dans deux chapelles, dédiées l'une à saint Michel et l'autre à saint Nicolas. La première était située au haut du Schimmelrain, dont le sommet inculte en a gardé jusqu'à ce jour le nom de *Kirchenwust*. Non loin de là, près d'une source au fond d'un vallon solitaire, était la demeure du religieux qui desservait la chapelle. Un monceau de ruines tapissé de lierre et de pervenches et entouré d'un large fossé, le tout envahi par les sapins de la forêt, marque encore la place où s'élevait la cellule de l'ermite, le *Bruderhaus*. Autour du Schimmelrain, dans tous ces frais vallons que dominait la croix de Saint-Michel, se groupaient les habitations, les divers hameaux dont se composait le Guebwiller de ce temps-là : Altenroth, Hubenthal, Kreyenbach, Richardsthal, Bintzenthal et Liebenberg.

L'autre chapelle, celle de Saint-Nicolas, se trouvait au Heisenstein, en face de la première, sur la rive gauche de la Lauch. Là se rendaient, avec ceux de la vallée inférieure, les habitants de l'Appenthal et du Tieffenthal, dont les chemins convergent encore vers ce point. Ce sanctuaire était également desservi par un religieux, sans doute détaché de Murbach, et qui habitait au fond de l'Appenthal, au bord d'un petit vivier alimenté par les eaux de la fontaine du Horni. Le *Pont du Frère,* que l'on traverse du côté du Heisenstein, nous rappelle encore le souvenir de l'homme de Dieu.

Il serait difficile de déterminer l'époque précise où la première croix fut plantée dans notre vallée. Les montagnes avec leurs gorges profondes et leurs sombres forêts durent être le premier refuge du paganisme dans la contrée, et cette circonstance n'a pas pu contribué, sans doute, à attirer dans les Vosges ces nombreuses colonies de religieux qui en ont fait la Thébaïde de l'Occident. Si saint Pirmin ne fut pas le premier apôtre de la vallée, il parait avoir été le premier, du moins, qui y donna à la mission chrétienne une organisation régulière. Il s'établit d'abord avec ses disciples à l'entrée du val de Murbach. La cellule des religieux s'élevait, entourée d'eau, sur un îlot de l'étang de Sainte-Catherine, alors dit le *Vivier des Pèlerins*. Un peu plus haut s'échelonnèrent dans la suite; au pied du Sonnenrain, d'autres viviers qui se déversaient l'un dans l'autre, sans parler du grand étang dont la digue, encore visible, traversait le vallon dans toute sa largeur.

A mesure que le réclamaient les besoins du culte, de nouvelles cellules s'établissaient aux environs, toujours au bord de quelque source, et presque toujours entourées de leur fossé qui leur servait tout à la fois de défense et de vivier. Nous avons déjà vu deux de ces cellules près de Guebwiller. Une autre se trouvait à Bergholtz-zell, où la colonie de saint Pirmin avait essayé tout d'abord de se fixer. Il s'en établit encore deux sous le vocable de *cella sancti Petri,* l'une au vallon de Rimbach et l'autre au-dessus de Lautenbach, sur la rive droite. Les habitations ne tardant pas à se rapprocher et à se grouper autour de ces nouveaux centres d'attraction, la cellule *(die zelle)* devint souvent le noyau d'un nouveau village à côté de l'ancien, comme le prouve l'exemple des trois Zell de notre canton ; ou bien, quand le site ne s'y prêtait point, les habitations allaient se concentrer un peu plus loin, et la cellule redevenait un simple hermitage, un *bruderhaus,* comme à Guebwiller.

En ce temps-là notre vallée, encore marécageuse et souvent inondée et ravagée par les eaux, n'était guère habitable, et c'est ce qui nous explique la situation des premières habitations de Guebwiller, groupées dans les vallons ou disséminées sur les hauteurs. Mais si cette situation offrait des avantages, il y avait aussi un grave inconvénient à se voir ainsi continuellement exposé au danger d'une surprise. Par la régularisation du cours de la Lauch, on mit fin d'abord aux inondations, en même temps qu'une dérivation faite à la rivière permit d'en utiliser les eaux; puis enfin l'on décida la construction d'une église commune, plus grande et plus belle, protégée par le château et assez forte elle-même pour servir au besoin de refuge à la population. Saint-Léger ne fut pas plus tôt achevé, que les habitants s'empressèrent d'aller s'établir à l'ombre de ses tours, et un siècle s'était à peine écoulé depuis la fondation de l'église, que l'on vit Guebwiller s'élever au rang d'une ville.

La fondation de Saint-Léger était en grande partie l'œuvre de Murbach. Le couvent fonda la paroisse, la paroisse enfanta la cité.

Saluons donc la colonie primitive qui s'en va pour faire place à la ville, et pour nous la figurer encore dans toute la beauté de son site premier, plaçons-nous aux environs du Heisenstein, en vue de tous ces vallons qu'elle a défrichés et cultivés, en face de tous ces sommets qui se découvrent et qui semblent vouloir aussi la regarder encore.

II.

Les armes de Guebwiller et de Murbach.

L'hôtel de ville de Guebwiller date du commencement du seizième siècle. Une inscription nous apprend, en effet, qu'il fut construit en 1514, par Marquard Heller. Dans une niche gothique, ménagée à l'angle nord de l'édifice, on voit une statue de la Mère de Dieu. Le balcon, d'une assez belle construction, forme une large tourelle en encorbellement, avec une terrasse bordée de créneaux, le tout à cinq pans faisant saillie sur la rue principale. Les pignons et les croisées n'ont plus leur aspect d'autrefois, si caractéristique pourtant et si pittoresque, mais l'édifice est encore surmonté de sa flèche à la forme simple, élégante et légère.

Au-dessus de la porte, sur le front du balcon, figure l'aigle impériale; vient ensuite, de chaque côté, un bonnet rouge suivi d'un lévrier noir. Ce bonnet et ce lévrier sont les armes respectives de la ville de Guebwiller et de l'abbaye de Murbach.

On s'est demandé plus d'une fois ce que peut signifier d'abord ce singulier bonnet, et plus d'un étranger, en voyant notre bonne cité ainsi coiffée, a dû nous regarder d'un certain œil de défiance. N'est-ce pas là le bonnet rouge des Jacobins, de sinistre mémoire? se sera-t-il demandé avec quelque surprise; et n'avons nous pas vu naguère, en pleine république, le premier magistrat du département se troubler à la vue de nos joyeux conscrits, parce qu'il avait cru entrevoir le séditieux emblême dans les plis ondoyants de leur drapeau?

Que le lecteur veuille bien se rassurer à l'endroit de nos armes. Aussi bien pourrions-nous répondre ici comme on répondit un jour à ce savant moderne qui définissait l'écrevisse un petit poisson rouge marchant à reculons. Ce n'est pas un bonnet, dirions-nous; il n'est pas tout-à-fait rouge et il ne date pas de la Révolution; mais à cela près, la définition est juste.

Et d'abord ce n'est pas un bonnet, car tout le monde à Guebwiller vous certifiera que c'est un chapeau, s'il vous plaît. Puis ce chapeau n'est pas tout-à-fait rouge, attendu qu'il est retroussé d'azur, comme diraient les armoristes. Enfin il ne date pas de la Révolution, et la preuve, c'est que dès l'an de grâce 1697 nous trouvons ces mêmes armes de Guebwiller confirmées par une ordonnance de Louis XIV, faisant savoir à tous présents et à venir, que la ville de Guebwiller porte : *D'argent à un bonnet d'Albanais de gueules retroussé d'azur.*

Oui, c'est ainsi que fut traduit en langue héraldique le mot *Judenhut*. Traduction libre s'il en fut, il faut en convenir.

Judenhut !

En effet, n'en déplaise aux oreilles délicates, voilà comment notre Chapeau se nomme, et, à vrai dire, c'est bien un peu la forme de certaine coiffure du bon vieux temps. Mais, sans parler de la couleur du chapeau juif, lequel était jaune, comment admettre qu'une ville toute chrétienne comme l'était alors celle de Guebwiller, eût voulu se coiffer en Juive, à une époque surtout où la plus humble bourgeoisie savait se montrer fière au besoin, et dans une province comme notre Alsace, où les Juifs n'étaient encore rien moins que populaires ? Aussi ne fut-il jamais question de Juifs à propos du Judenhut, et si vous insistez sur la signification de notre emblème, on vous dira que c'est un titre de propriété, attendu que ce nom de Judenhut désigne en même temps une montagne où la ville de

Guebwiller possède une forêt. C'est une des plus hautes montagnes de notre vallée, peu distincte du Grand-Ballon, dont elle forme, en quelque sorte, le flanc septentrional du côté de Murbach.

Avant que Guebwiller eût pris le chapeau dit Judenhut, la ville avait dans son écu, comme Murbach, un lévrier, et c'est en effet le lévrier que nous retrouvons sur tous les anciens sigilles, antérieurs à l'ordonnance de Louis XIV.

Murbach, de son côté, avait dans son grand sceau oblong le martyre de saint Léger, bien que le Lévrier figurât en même temps sur l'écusson, sur la bannière et sur les monnaies de l'abbaye.

Le Lévrier Noir, ou le Grand Chien de Murbach, comme on l'appelait alors, se distingua en mainte rencontre, notamment à la défense de Wattwiller, en 1525, évènement rapporté par la chronique de Guebwiller et chanté par Léonard Ott, un des courageux défenseurs de la place.

On lit dans son petit poème :

> *Es war den Gecken allen kund :*
> *Murbach hat einen schwarzen Hund,*
> *Der hat iren vil gebissen.*
> *Das traurt noch mancher Geck im Land,*
> *Dass man ine tüt verwissen.*

On sait, du reste, quel rang distingué Murbach occupait parmi toutes les abbayes nobles de l'Empire. De là sans doute aussi cette locution autrefois proverbiale dans le pays : fier comme le Grand Chien de Murbach. Quant à l'ancien sceau de Murbach, c'était un sujet assez compliqué, et partant d'une exécution difficile, que la représentation en pied de ces deux personnages figurant l'évêque martyr et son bourreau qui lui crève les yeux; et quant au Lévrier, comme il figurait également et pour le compte de Murbach et pour celui de Guebwiller, il fallut bien aviser enfin au moyen d'établir une distinction plus nette entre les deux blasons. Toujours est-il certain que l'abbaye, depuis cette époque, garda exclusivement le Lévrier.

Le lévrier est le signe emblématique de la chasse, et la chasse était un privilége de la noblesse. Or, nous savons combien était puissante et nombreuse à Guebwiller la classe des nobles. A leur tête marchaient les Ungerstein, dans la famille desquels le titre de *schultheiss* fut longtemps héréditaire, et qui tenaient en fief de l'abbé de Murbach le vieux château de Guebwiller. Les Ungerstein avaient, aux émaux près, les mêmes armes que Murbach : ils portaient de gueules à un lévrier élancé d'argent. Murbach, de son côté, pouvait revendiquer le Lévrier en sa qualité d'abbaye noble.

Mais pourquoi cette qualification de *Grand-Chien* donnée au lévrier de Murbach, tandis que celui de Guebwiller était désigné par le nom de *Merhund*?

Ce nom de Grand-Chien est, comme on sait, celui d'une constellation, et la plus belle étoile de cette constellation comme de toutes les étoiles fixes, Sirius ou la Canicule, n'était autre, dans la mythologie, que la chienne *Méra* métamorphosée en étoile. C'est ce qui nous explique en même temps ce nom de *Merhund*, que porte encore aujourd'hui, à Guebwiller, cette partie du vignoble qui avoisine l'Ungerstein, dont elle aura été une dépendance. Apparemment que le Lévrier, ou plutôt la Levrette, se voyait là taillée dans une pierre du mur.

Les chiens de chasse étaient communément appelés *bracken*. De là le nom de Brackenthor donné à une des portes de Guebwiller, par allusion aux armes de la ville. Non loin de là, à côté du Freihof, se trouve le *Brackenhof,* où paraît avoir été la vénerie. Sur la porte haute on voyait un lévrier et un lion.

A l'appui de ce qui vient d'être dit sur le sens à attacher à ces noms de Grand-Chien et de Merhund, il convient de faire observer que le Lévrier héraldique était accompagné en chef d'une étoile à six rais d'or, ainsi qu'on peut le voir encore sur une clef de voûte de l'ancien couvent des Dominicains. Aurait-on voulu symboliser, par le Grand-Chien, le nombre des fiefs dépendants de Murbach, et par Sirius ou Méra, principale étoile du Grand-Chien, la ville de Guebwiller, comme étant le chef-lieu du territoire de l'abbaye? Il n'est pas rare de voir le blason emprunter ses emblêmes au ciel, témoin encore le Croissant de Saint-Amarin, autre dépendance de Murbach.

Dans les temps primitifs, les peuples, en observant le ciel, durent emprunter la plupart des dénominations dont ils avaient besoin pour distinguer entre elles les constellations ou les étoiles, soit aux souvenirs de leur histoire, soit à la nature de leurs impressions journalières. Pasteurs ou laboureurs, guerriers, chasseurs ou pêcheurs, ils semblaient vouloir confier à la garde du ciel le souvenir de leurs occupations de chaque saison, en les inscrivant, en quelque sorte, en lettres de feu sur le front du firmament; et c'est en effet à ce genre de souvenirs qu'appartiennent, pour la plupart, les noms des principales constellations. La grande occupation d'hiver, par exemple, c'était la chasse, et voilà comment la plus belle constellation de cette saison devint Orion, le chasseur céleste, constellation suivie de près de celle du Grand-Chien. Ainsi Orion accompagné de son chien et précédé des Pléiades comme d'une volée de pigeons, puis descendant sur l'horizon à la poursuite du soleil, comme en posture de tendre l'arc, cette figure dut-elle donner naturellement l'idée de la chasse nocturne.

Le soleil avec l'étoile du soir devient tantôt le sanglier à la soie d'or, tantôt le cerf blanc ou la biche avec son faon, sujet de tant de gracieuses légendes.

Notre légende du Freundstein ne semble-t-elle pas avoir la même couleur, peut-être la même origine? Ici c'est le fier châtelain qui, montant à cheval et prenant sa fille en croupe, se précipite avec elle dans l'abîme, pour la soustraire au prétendant qui vient de s'emparer du château (1).

Remarquons bien que c'est derrière le Freundstein que le soleil se couchait pour les habitants de Soultz. Sujets du mundat, ils ont fait du prétendant un Géroldseck, en souvenir, sans doute, du belliqueux prélat, à peu près comme les gens du côté de Rouffach ont enterré sur le Bollenberg les *quatorze* (2) comtes de Strasbourg.

Au fond de la vallée de Guebwiller le mythe du chasseur céleste se trouve localisé sous une autre forme, dans la légende du Saut-du-Cerf, légende qui n'est qu'une des nombreuses variantes de celle de saint Hubert. Chargé de fournir un cerf à l'abbé, le garde-chasse de Murbach était allé chasser un jour de dimanche. Un cerf blanc est lancé; le chasseur le poursuit, et il est sur le point de l'atteindre enfin au bord d'un précipice; mais au moment même où le cerf va tomber sous le trait mortel, il s'élance du haut du rocher, en laissant

---

(1) Golbéry. *Antiquités d'Alsace.*

(2) Confusion de nombres pour dire les vingt-quatre.

voir dans sa ramure, tout éclatant de lumière, un crucifix! Et voilà comment la cascade a pris le nom de *Hirtzensprung,* en souvenir du cerf qui symbolisait le soleil couchant, comme la chasse au soleil est devenue la chasse du dimanche, jour du soleil.

Mais n'anticipons pas sur un sujet qui doit être traité plus loin, et voyons maintenant ce qu'il y a de caché pour nous sous le Chapeau.

Ce n'est que vers la fin du dix-septième siècle que nous voyons paraître le Chapeau dans le sceau de la commune. Il paraît donc qu'il y eut alors, probablement à l'occasion même du renouvellement des titres armoriaux, une sorte de convention entre Guebwiller et Murbach, en vertu de laquelle la ville prit désormais le chapeau dit Judenhut. Mais sa désignation même nous fait croire que cet emblême existait déjà depuis fort longtemps. Peut-être figurait-il dans le blason des anciens bourgeois, des hommes dits de Saint-Léger. C'est peu de jours après la retraite des Armagnacs que la colonge supprimée se fondit dans la bourgeoisie, et que fut instituée la fête anniversaire de la Saint-Valentin, en souvenir de l'événement. D'autre part, en même temps que l'on renouvelle les titres armoriaux et que le Chapeau fait son apparition dans le sceau de la commune, celle-ci fait renouveler aussi le titre de fondation qui constate le fait de la délivrance miraculeuse de la ville et le vœu solennel qui en fut la suite. L'ancien Lévrier, comme emblême, n'avait alors plus de sens autre que celui d'un souvenir; car la noblesse avait émigré en masse et le blason même des Hungerstein avait été brisé sur le cercueil du dernier descendant de cette race éteinte.

Mais que pouvait signifier ce chapeau au quinzième siècle, et puis ce nom de Judenhut? Les lettres J, G et W se prenant souvent l'une pour l'autre, on s'explique comment le nom de Judenhut a pu se substituer, en dépit du sens et des couleurs, à celui de Gudenhut. Or ce dernier nom peut s'employer également, selon le genre du mot *hut*, dans le sens de chapeau et dans le sens de garde ou de protection. De même, les mots gud et god étant synonymes, Gudenhut pouvait fort bien signifier bonne garde ou protection divine, par allusion à l'événement de 1445. C'était la nuit du 13 Février, veille de la Saint-Valentin. « Comme il y avait alors beaucoup de monde dans la ville, dit le chroniqueur, ce ne fut pas sans un grand étonnement que l'on vit la glorieuse Mère de Dieu et le saint évêque et martyr Valentin se promener sur le mur d'enceinte, environnés d'une vive lumière, pour attester qu'ils avaient pris la ville et ses habitants sous leur garde et protection. »

Depuis la Révolution, la fête instituée en souvenir de la délivrance n'a plus été célébrée, mais une partie des échelles abandonnées par les Armagnacs se conservent encore, suspendues en trophées dans l'église de Saint-Léger; puis un usage que ni le temps ni les hommes n'ont pu interrompre, c'est de brûler chaque année, le jour de la Saint-Valentin, des cierges devant l'image du saint, dans la meurtrière qui lui sert de niche du côté de la ville où se livra l'assaut, où la courageuse Brigitte jeta de la paille enflammée sur les assaillants. Une maison se trouve bâtie en cet endroit contre le mur d'enceinte. Si l'on négligeait une seule fois d'allumer les cierges traditionnels, la maison elle-même brûlerait, dit-on, dans le courant de l'année, et d'aucuns prétendent qu'on en a fait l'expérience. Un propriétaire, pour avoir une fois négligé cette dévotion, y aurait perdu non seulement sa maison, mais aussi sa femme, sa pauvre femme surprise par les flammes et brûlée vive dans son lit.

Pour ce qui concerne le nom même de Judenhut, il est certain, les plus anciens titres en font foi, qu'il était déjà connu de temps immémorial comme désignant une forêt, un sommet de montagne, et c'est à cette montagne que le Chapeau aurait emprunté son nom, s'il faut en croire la tradition populaire. Il nous resterait à examiner alors ce que le mot Judenhut a pu signifier dans l'origine.

Remarquons d'abord qu'il existe plusieurs montagnes du nom de Judenberg ou Gudenberg, et n'avons-nous pas en Alsace même le Judenburg ou Gudenburg du Bonhomme? On prétend que ces montagnes, comme aussi le Vaudémont lorrain, n'ont été ainsi désignées que parce qu'elles étaient consacrées au dieu Gudan, Wuodan ou Odin. Si nous supposons maintenant, par analogie, le mot Judenhut synonyme de Gudenhut, ce mot traduit présenterait de la même manière le sens de *chapeau d'Odin.* Le chapeau d'Odin! Il faut savoir que le chapeau d'Odin joue un grand rôle dans la mythologie allemande. C'est le pétase de notre Mercure du Nord; car Odin, en sa qualité de dieu-soleil, de dieu de l'air et des hauteurs, était toujours représenté coiffé d'un chapeau, symbole du nuage dont se couvre le soleil ou le sommet de la montagne. Les couleurs pourpre et azur sont celles du firmament à l'heure où l'astre du jour se lève ou se couche ; c'étaient aussi les couleurs du chapeau d'Odin et de celui des Elfs *(alben, elben),* ces petits dieux de l'air qui n'étaient autres que le dieu Odin en miniature et ses survivants dans la mythologie du Moyen-Age. Le chapeau d'elf était donc appelé *albenhut,* et ce qui nous fait présumer que notre Judenhut était appelé de même, ce n'est pas seulement sa forme ou sa couleur, mais précisément ce nom de bonnet d'*Albanais* qu'il a pris sous la plume du traducteur français.

Notons encore, d'après Grimm, que les contes norvégiens nomment le petit chapeau d'elf *uddehat*.

En Allemagne, le *Wudenshut* est devenu le *wunschhut*, soit tout simplement par corruption, soit parce que ce nom de Wunsch pour Odin impliquait une idée de perfection. C'est notre *wünschelhut*, ce chapeau magique avec lequel on a tout à souhait.

Ce n'est pas précisément là ce qui caractérise notre Chapeau de Guebwiller.

III.

Le dieu Odin ou Wodan.

En prenant possession du versant oriental des Vosges, nos ancêtres, les Germains, ont dû consacrer les plus hautes cimes à Odin, leur principale divinité. Le point culminant, dans notre vallée, c'est d'un côté le Grand-Ballon, de l'autre côté le Petit-Ballon. Mais leur nom même semble nous dire que ces deux sommets étaient déjà consacrés l'un et l'autre à Bélen, le dieu-soleil, le dieu blanc des Celtes, et soit que l'on ait respecté cette destination, soit que le nom primitif ait prévalu sur tout autre, les deux Ballons ont conservé leur vieille dénomination celtique. En Bélen se résumait d'ailleurs le vieux culte national de la contrée. Ainsi le flot de l'invasion, qui avait submergé, germanisé tous les autres sommets, n'atteignit point jusqu'au Ballon, et le Vieux de la

Montagne se maintint sur son trône. D'ailleurs les Germains eux-mêmes reconnaissaient, bien au-dessus d'Odin, comme antérieur à lui et comme devant lui survivre, une sorte de Père éternel que l'on pourrait bien surnommer ici l'Ancien des jours. C'était ce dieu anonyme, ou plutôt ce dieu perdu que l'on adorait encore sans le connaître, que l'on invoquait sans pouvoir le nommer, et qui pouvait dire, dans les forêts de la Germanie comme dans les sanctuaires de l'Egypte : Je suis Celui qui est, et personne n'a levé le voile qui me couvre !

Odin ou Wodan était donc le grand dieu de l'Olympe germanique. Ce n'est pas chose aisée de définir ce dieu, tant les traits de sa physionomie varient, se croisent, se mêlent et se confondent. Odin semble être avant tout une personnification de la nature. C'est la Divinité se manifestant au-dehors, c'est l'âme, le souffle, le grand esprit qui anime, meut et remplit tout, revêtant tour-à-tour les formes les plus diverses, suivant l'ordre des saisons ou la nature des phénomènes. Aussi ses attributs sont-ils nombreux, ses titres sans nombre ; mais tous ces titres se résument dans celui d'*Allfader,* le Père universel. C'est la Création même se confondant avec son auteur. Dans le sens abstrait, absolu, la divinité est appelée God ou Gud, l'Être bon par excellence, le bon Dieu, en un mot, Dieu.

Les Ases forment la cour d'Odin. Manifestations successives d'un être unique, ils sont au nombre de douze, personnifiant ainsi les douze mois de l'année. En tant qu'il personnifie lui-même le soleil, comme centre du monde au milieu des douze constellations du zodiaque, Odin est un dieu borgne, c'est-à-dire qu'il est l'œil du jour. L'œil perdu, donné en échange de la sagesse, figure la nuit. Mais l'astre du jour est plus souvent encore ce merveilleux coursier avec lequel le dieu du ciel franchit d'un bond les monts et les mers. Aussi voyez comme il sait être présent partout en un clin-d'œil, voyant tout, entendant tout, sachant tout. Si l'avenir ou le passé pouvait lui échapper, les deux corbeaux perchés sur ses épaules seraient là pour le lui souffler à l'oreille. Le plus souvent Odin personnifie l'air ou le vent. C'est alors la tempête qui lui sert de coursier, c'est Sleipnir, le cheval à huit pieds, toujours prêt à s'élancer, n'importe dans quelle direction. Être subtil, Odin ne se nourrit que de la plus fine fleur de farine, et ne boit, ou plutôt ne hume, n'aspire que la plus pure essence de vin. Son séjour de prédilection, comme dieu de l'air, est sur les hauteurs. Là il s'enveloppe de l'azur du firmament comme d'un manteau, et le nuage pourpré qui couvre à l'heure du soir le sommet de la montagne, est son chapeau rouge au large retroussis bleu.

Les Romains ont cru reconnaître en Odin le dieu Mercure. C'est le Mercure du Nord, mais trônant à la place de Jupiter.

Tel fut le grand Odin, alors que le dieu de la nature n'avait pas encore entièrement dégénéré de son caractère primitif. Sous le voile d'un symbolisme qui ne manque pas de grandeur, nous reconnaissons encore quelques traits de la Divinité; mais déjà l'auteur de la Création s'est tellement identifié avec son œuvre, qu'on peut bien dire d'Odin, dans un autre sens, que son chapeau le couvre au point de le rendre invisible.

Le culte d'Odin consistait surtout dans l'immolation du cheval blanc, cette victime sans tache des grandes fêtes d'équinoxe et de solstice. Aussi ces animaux étaient-ils regardés comme sacrés; nul mortel ne pouvait les monter; ils étaient élevés et nourris dans une enceinte réservée, et leurs hennissements étaient écoutés comme des oracles, leurs pas observés et comptés comme des présages. L'immolation se faisait toujours sur quelque hauteur, aux premiers ou aux derniers rayons du soleil. Une partie de la victime était brûlée, l'autre jetée dans une vaste chaudière et ensuite distribuée aux assistants. La cendre même du bûcher servait encore à purifier les habitations ; on la répandait aussi sur les champs, comme une bénédiction, et la tête du cheval au haut d'une perche servait de menace et d'épouvantail contre l'ennemi.

Dans cette immolation expiatoire d'une blanche victime, dans cette espèce de communion avec la Divinité par la manducation d'une même chair consacrée, divinisée, dans ces purifications enfin, il y avait plus que du symbolisme : c'était un souvenir d'Orient datant du berceau même de l'humanité, souvenir prophétique puisé dans le fonds commun de la révélation primitive, une de ces fleurs immortelles de la tradition que les peuples frères semblent avoir cueillies ensemble, au jour du départ, sur le seuil de la maison paternelle. Les Germains comme tous les autres peuples croyaient à la nécessité d'une expiation, ils attendaient un rédempteur. Pourquoi faut-il que ces sacrifices ne se soient pas toujours bornés à des immolations d'animaux?

Lorsqu'enfin les temps furent accomplis où une hostie pure devait, selon l'expression du prophète, être offerte du couchant à l'aurore, le Soleil de justice ne tarda pas à se lever aussi sur nos contrées d'Occident, et la figure dut céder la place à la réalité, le Cheval blanc se retirer devant l'Agneau sans tache qui a pris sur lui les péchés du monde.

Saint Boniface et les autres apôtres de l'Allemagne, éclairés par l'expérience de nombreuses rechutes, ne crurent pouvoir mieux faire, pour empêcher les barbares à peine convertis de retomber dans l'idolâtrie, que de leur défendre la chair de cheval, regardée désormais comme impure par cela même qu'elle provenait le plus souvent des sacrifices. De plus, afin de mieux faire oublier les anciennes divinités, on substitua à chacune d'elles, pour être non pas adoré, mais vénéré et invoqué à sa place, celui des saints dont le caractère offrait le plus d'analogie, ou dont la fête coïncidait avec l'époque de l'ancienne fête païenne. C'était rendre la conversion plus facile à ces rudes populations, qui tenaient à leurs usages bien plus encore qu'à leurs croyances et à leurs dieux, et l'Allemagne ne faisait en cela que suivre l'exemple de l'Église universelle. Chaque fois donc que les missionnaires avaient une église à consacrer sur l'emplacement de quelque temple ou bois sacré, ils plaçaient le sanctuaire chrétien sous l'invocation d'un saint.

Au grand Odin succéda, comme de juste, le grand saint Michel, le prince des esprits célestes. Et quel était, dans notre vallée, le lieu consacré au culte d'Odin? C'était le sommet du *Schimmelrain,* la montagne du cheval blanc, ce riant côteau si bien contourné par le Val-des-Corneilles et s'élevant là comme dans un amphithéâtre formé par la main de la nature. C'est aussi là, au haut du Schimmelrain, que fut plantée la première croix, que s'éleva le premier sanctuaire chrétien de la vallée, une petite église dédiée à saint Michel.

Nos feux de solstice et d'équinoxe sont encore un souvenir du culte du soleil et des sacrifices qui en faisaient la base. L'Église, ne pouvant abolir l'usage de ces feux, en changea la signification et chercha même à le sanctifier, comme elle avait fait pour d'autres usages semblables, trop profondément enracinés dans les mœurs. A Guebwiller on allumait trois feux par an, deux sur la montagne et le troisième, celui de la Saint-Jean, sur la place de l'église. C'était le flambeau de Saint-Jean, *die Johannisfackel*. On appelait cela, par manière de plaisanterie, *den Jud verbrennen*, brûler le Juif. Or, ce Juif, ou plutôt ce Jud, ne serait-ce pas encore ici notre *Gud,* c'est-à-dire Odin?

Après saint Michel, le vainqueur du dragon, c'est saint Jean que nous voyons le plus souvent prendre la place d'Odin dans les souvenirs du peuple, et cela pour une raison facile à comprendre : la Saint-Jean a succédé à la grande fête du solstice d'été. Elle ne pouvait donc manquer d'en hériter quelque chose. Ces herbes odorantes et ces bouquets de fleurs jetés dans la flamme, ces rondes joyeuses dansées autour, ces jeunes gens, ces animaux même que l'on forçait à passer à travers *(nothfeuer),* et ces roues enflammées qui tournaient ou se précipitaient, tout cela sentait son origine païenne. A Linthal, par exemple, on allumait une espèce de soleil formé d'un tronc de sapin fendu jusqu'au pied, où un cercle de fer permettait d'écarter le bois dans tous les sens en forme de rais. De l'autre côté de la vallée, sur les flancs du Redlé, c'était, dit-on, une roue mobile que l'on précipitait au fond du ravin de l'Aschenloch. Mais aujourd'hui, plus de roue qui tourne, plus de soleil qui brille. Un beau soir, il y a de cela déjà nombre d'années, l'administration forestière voulut aussi se mêler de la fête, et en dépit du progrès et des lumières elle mit son bâton dans la roue et son éteignoir sur le soleil.

Lautenbach seul, dans la vallée, allume encore son feu de Saint-Jean, et c'est bien le moins qu'une paroisse chrétienne puisse faire en l'honneur de son glorieux patron. Cet usage n'offre plus rien du reste que de parfaitement innocent. Le feu s'allume au son de l'Angelus, et c'est avec des prières que la flamme s'élève, que la fumée monte vers le ciel.

Les feux de Saint-Jean symbolisaient donc le soleil; mais à ce symbolisme de la nature la religion a ajouté le symbolisme de la foi, où le soleil de la Saint-Jean descendant de sa gloire pour faire place au soleil de Noël, devient la figure de ce prophète qui, plus qu'un prophète, n'en sut pas moins s'abaisser et rentrer dans l'obscurité, pour laisser briller Celui qui est le Soleil de justice et la Lumière du monde.

«*Illum oportet crescere, me autem minui.*» Joh. III, 30.

IV.

Le Grand-Veneur.

Le culte d'Odin, d'origine asiatique, avait ses plus zélés partisans et propagateurs dans les prêtres des Goths. Les Germains le reçurent de leurs mains. Mais il fallait bien que le dieu d'Asie, pour s'acclimater au rude ciel du Nord, changeât quelque peu de caractère, de mœurs et de visage. Race de guerriers et de chasseurs, d'abord pastorale et nomade, puis conquérante et dominante, Goths et Germains laissaient volontiers aux vaincus, aux serfs, les travaux paisibles de l'agriculture, sauf, bien entendu, à prélever toujours leur large part de la récolte. Avec de tels adorateurs Odin ne pouvait manquer de leur ressembler de plus en plus, à mesure que ces peuples s'éloignaient du berceau commun où ils avaient grandi dans la simplicité des mœurs patriarcales. La notion divine allait ainsi toujours s'obscurcissant, et l'on eût dit que l'homme s'éloignait de la vérité comme il s'éloignait du soleil.

Le jour déclinait donc insensiblement, et la raison humaine, comme effrayée de la nuit qui commençait à se faire autour d'elle, au lieu de se retourner vers son Dieu et de lui dire : « Seigneur, restez avec moi ! » se jeta dans les bras de la nature et lui demanda un autre dieu, un dieu fait à son image et à sa ressemblance. L'homme, en effet, quoi qu'il conçoive et quoi qu'il produise, ne saurait jamais tirer de lui-même que sa propre image. Et maintenant voyez-vous le majestueux Odin, le voyez-vous descendre de ses hauteurs calmes et sereines pour venir, comme un simple mortel, se mettre à la tête des combattants et leur disputer en quelque sorte sa part du butin, en devenant à son tour, dans l'esprit de ses adorateurs, un guerrier dur et féroce, un maître hautain, insatiable, impitoyable ? Et quel autre dieu pouvaient-ils s'imaginer désormais, ces hommes de guerre et de chasse, sinon un dieu chasseur et guerrier ? Ainsi, pour être reçu chez Odin au paradis de la Walhalla, devra-t-on, en quelque sorte, faire preuve de noblesse, en ne se présentant que décoré de quelque balafre, et pour n'avoir pas le malheur de mourir de sa belle mort, le Germain, avant de rendre l'âme, se fera plutôt une blessure volontaire avec la pointe de sa lance. Ou bien serait-ce là encore une de ces réminiscences d'Orient, un vague souvenir de la circoncision ? Moyennant espèces toutefois, Odin consent à se montrer bon prince en acceptant la rançon des âmes ; mais l'âme de l'esclave, du serf, du vilain, toute la plèbe en un mot, demeure par cela même à tout jamais exclue du fortuné séjour. Et quelles délices Odin prépare-t-il là-haut à ses élus ? Ecoutez : On y chasse à cœur joie, on s'y bat à outrance, on se pourfend, on se taille en pièces, et les guerriers tombés se relèvent toujours, toujours plus ingambes, et le sanglier à peine abattu et dépecé, le voyez-vous déjà qui se relève et qui fuit, la meute à sa suite ? Tout est donc pour le mieux dans ce meilleur des mondes, car chasser et combattre, puis combattre et chasser encore, et ainsi toujours, n'est-ce pas là, pour des nobles, le comble de la joie et la suprême félicité ?

Odin est le souverain dispensateur de la victoire. Armé de son javelot, le terrible *gungnir,* il accourt sur le champ de bataille au plus fort de la mêlée, suivi de ses deux loups toujours altérés de sang et de carnage. Alors, à l'ombre de ce javelot qu'il lance par-dessus la tête des combattants, on voit les rangs tomber sur les rangs comme des épis d'orge sous la faux du moissonneur. Aussi ne se faisait-on jamais faute, avant d'engager le combat, de lancer sur l'ennemi un gungnir sacré en l'accompagnant de cette imprécation : « à Odin vous tous ! » car vouer l'ennemi à Odin, c'était le vouer à la défaite et à la mort.

En ce temps-là, quand un orage éclatait sur la vallée, quand l'éclair sillonnait la nue et que le tonnerre se mettait à gronder, on se disait en regardant le ciel : voilà les dieux qui s'amusent, il y a combat dans la Walhalla ! Puis lorsqu'on cessa de croire à ces combats des dieux dans le ciel, on s'en souvint encore pour en localiser l'image sur la terre, en substituant aux nuées des montagnes, aux divinités des hommes, rois, guerriers et héros. Étonnez-vous, après cela, si les ombres de ces combattants se donnent encore parfois, comme les chevaliers du Moyen-Age, le passe-temps d'un tournoi sur quelque plateau solitaire de nos montagnes, sur celui de notre *Kriegshurst* par exemple, au haut de l'Axwald, où l'on peut voir se dresser encore, en guise de Terme, comme un juge de camp à barbe grise, ce rocher moussu que les vieilles chartes appellent le *Dietrichstein*.

Après le partage de la terre conquise il fallut enfin faire trêve aux combats; à la guerre succéda la chasse, et de même que dans le conquérant le chasseur survécut au guerrier, ce fut aussi le chasseur qui l'emporta dans le caractère d'Odin. Déjà nous avons vu le dieu du Nord prendre les armes d'Orion et son chien, et se constituer chasseur à son tour. C'est la chasse céleste qui toujours recommence, comme celle de la Walhalla, car le sanglier à la soie d'or ne meurt que pour renaître, c'est-à-dire que le soleil et les étoiles à sa suite ne se couchent que pour se lever de nouveau avec le même éclat. Voyageur infatigable, avec son bâton à la main comme un autre caducée qui sera la baguette magique *(wünschelruthe)* des enchanteurs, l'éternel Gud ou Jud reparaîtra un jour dans la légende chrétienne, sous la figure du Juif errant. Cette confusion de deux appellations si peu distinctes était ici d'autant plus naturelle, que les deux choses se trouvaient déjà confondues, pour ainsi dire, dans une même proscription, et de cette confusion découlait immédiatement, dans l'esprit des chrétiens, une personnification touchante de ce peuple juif qui, toujours errant, n'a jamais pu trouver son lieu de repos.

L'air est comme l'esprit du monde physique. En sa qualité de dieu de l'air, Odin, le Grand-Esprit des barbares de l'Ancien-Monde, devait surtout personnifier le vent, la tempête. Une tempête! Quelle belle chasse dans l'imagination fantasque de ces peuples de chasseurs! En descendant du ciel, Odin n'avait donc qu'à se laisser faire, pour continuer sur la terre son métier céleste de

Grand Veneur. C'était ordinairement sous le nom de Hackelberend, le Porte-manteau, comme c'est aussi du sein d'un Hackelberg que le chasseur sort avec ses compagnons et sa meute.

Voilà donc la chasse nocturne descendue sur la terre. Partout on prétend l'avoir entendue, on en parle en tous lieux. Dans notre vallée, le chasseur nocturne s'appellera tantôt Huperi, de *hupen*, par allusion à son cri ou à son cor de chasse; tantôt Hütscher ou Hubi, de *hut* et de *hub* ou *haube*, sans doute en souvenir de son grand chapeau. C'est ainsi qu'on le désigne à Lautenbach, où l'on a vu Hubi à cheval, franchissant au grand galop la montagne de Dornsyle. A Soultz on l'appelle aussi *Freischütz*, le franc-archer, comme qui dirait notre Robin des bois. A Guebwiller c'est toujours le chasseur nocturne, *der Nachtjæger*, et les vieux pourraient en conter de belles sur ce chapitre. Quand le chasseur, du fond du Hægélé ou du Walburg, au pied de l'Ax, avait jeté au vent son cri de *houdada*, et que le bruit du cor avait retenti dans les montagnes, alors c'était comme un ouragan qui se déchaînait sur la vallée. Mainte fois le gardien de la tour, sur la porte du Lévrier (1), était réveillé au bruit de la chasse qui descendait ou remontait par le chemin du Cerf. Il fallait bien se garder de provoquer le chasseur en répétant son cri, sans quoi il jetait à vos pieds quelque cuissot de haut goût en vous criant, avec un bruyant éclat de rire : « qui chasse avec moi, mange avec moi! » *(kannst du mit mir jagen, so kannst du mit mir nagen!)*

---

(1) Cette porte a disparu comme les autres, et dans ces derniers temps un aubergiste est venu s'établir là qui a pris pour enseigne *la Chasse*.

Alors vous n'aviez plus que le temps de vous préparer à la mort. Malheur aussi aux gens attardés que le chasseur rencontrait sur son passage ! A moins que l'on n'eût soin de se coucher tout à plat au milieu du chemin, on était coupé en deux, ou violemment renversé par terre, ou bien encore emporté dans les airs comme une feuille sèche, à l'exemple de cet homme qui fut un jour enlevé du milieu de ses compagnons de route et transporté du Lerchenfeld, près de Saint-Gangolf, jusqu'au Bollenberg. Et il n'en fut pas quitte pour la peur, car dans son vol rapide par-dessus le Schæfferthal il faillit se donner une entorse, en heurtant rudement le pied contre le clocher de la chapelle. Mais ce n'était là sans doute, de la part du clocher, qu'un petit avertissement. Aussi notre chasseur involontaire ne se fut-il pas plus tôt recommandé à la bonne Vierge, qu'il se sentit déposer tout doucement à terre, sur le frais gazon du Bollenberg.

On prétend que la croix du Lerchenfeld est là précisément pour perpétuer le souvenir de cet heureux trajet.

Le chasseur nocturne est dépeint quelquefois comme un géant sans tête, ou comme portant la tête sous le bras et poursuivant une femme échevelée qui fuit devant la meute. On dit que cette femme est Hérodias. Le géant sans tête ne serait donc ici que saint Jean lui-même pris pour le chasseur, confusion de souvenirs qui doit s'expliquer encore par la coïncidence de la Saint-Jean avec la fête du solstice d'été. C'est le saint Jean de la Légende d'or, poursuivant de son souffle vengeur Hérodias ou la fille dansante d'Hérodias, la sorcière qui danse dans le tourbillon à l'approche d'une tempête. Et que signifient ces cris de chasse et ce bruit du cor? C'est la voix de la tempête et le bruit du tonnerre. Et ce cuissot lancé du haut des airs, et ce bruyant hahali? C'est l'éclair, c'est le bruit saccadé de la foudre.

Les païens une fois convertis au christianisme, Odin ne fut plus à leurs yeux qu'un démon, et le dieu chasseur devint un diable en habit vert, avec une plume de coq sur le chapeau. Or, ce chasseur-là ne peut faire que la chasse aux âmes. En voici un exemple :

Une pauvre femme de la vallée de St-Amarin se rendait en pèlerinage à Thierenbach. Arrivée au pied du Freundstein, elle considère un instant ce nid de vautour perché sur le roc, et à la pensée de tous les seigneurs passés, présents et à venir, elle se prend à murmurer intérieurement contre Dieu, qui ne lui donne pas même, à elle, de quoi acheter une paire de souliers neufs. Tout-à-coup elle voit à ses pieds un petit tas de blancs écus tout brillants ; mais comme elle se dispose à ramasser le trésor, au moment même où elle jette autour d'elle un regard furtif, elle aperçoit à quelque distance de là un chasseur en habit vert qui la regarde en fronçant le sourcil. Saisie de frayeur, elle laisse là les écus et poursuit son chemin à travers la forêt, hâtant le pas et ne pouvant néanmoins se consoler d'avoir laissé échapper une si belle occasion. De l'autre côté du château elle rencontre un monsieur qui se promène sur la montagne, habillé de vert comme le premier, mais à l'air avenant et le sourire sur les lèvres. Ce monsieur est si aimable qu'il va jusqu'à lui adresser la parole ; il s'informe des motifs de sa tristesse, la plaint, approuve ses plaintes, prend part à ses murmures, l'encourage encore, l'excite et la surexcite, et quand il la voit enfin au désespoir, il lui présente.... une corde!

Qui ne se rappelle ici l'Escarboucle *(der Karfunkel)*,

ce délicieux conte de Hébel, avec son chasseur velu à la capote verte ?

Quand le féroce chasseur n'est pas le diable en personne, c'est comme son âme damnée, quelque chasseur enragé, condamné à chasser jusqu'à la fin des temps, soit pour avoir ravagé le champ du pauvre, soit pour avoir sacrifié à sa passion jusqu'au saint repos du dimanche, avec celui de ses paysans obligés de traquer pour le maître.

Un chasseur de cette espèce était saint Hubert avant sa conversion. Pour ce motif, et sans doute aussi parce que sa fête coïncide avec l'époque des grandes chasses, les chasseurs chrétiens choisirent saint Hubert *(Humbrecht, Gumbrecht)* pour leur patron. C'est vers cette époque aussi, au mois du Sagittaire, que les païens sacrifiaient au dieu de la chasse, en lui offrant les prémices de la venaison. Ce dieu n'était autre qu'Odin, sous le nom de Wol ou de Woldan, et de là le nom de Wolsborn donné à plusieurs sources jadis consacrées à son culte. Le nom de *Sanct-Gumbrechtsburn* que nous lisons dans le rotule colonger de Buhl, nous fait supposer qu'il y avait autrefois, du côté du Hugstein, une fontaine de Saint-Hubert avec une chapelle.

Mais aussi quel heureux pays que notre vallée, alors que tous ces noms si significatifs de Lerchenfeld, Storenloch, Schnepfacker, Hasenschlung, Rehgraben, Hirtzengraben, Sauwasen, Wolfgrube (1), Wolfhaag, Bærenacker..... n'étaient pas encore passés à l'état de souvenir, et comme nos pieux fils de saint Hubert doivent

---

(1) On voit encore aujourd'hui les deux fosses qui servaient autrefois de louvières au haut de la vallée de Murbach, à l'endroit dit *Wolfgrube*.

éprouver des regrets à la vue de tous ces beaux noms, de giboyeuse mémoire !

Chaque fois que le petit bonhomme vert, dit *Hütschermænnlé*, fait entendre son cri perçant du côté du Hohenrupf, et que Huperi, assis sur l'Engelstein, lui répond du côté de la Dornsyle en faisant résonner de son cor la clairière de la Jægermatt, l'un et l'autre, dit-on, nous annoncent un changement de temps. C'est toujours le vent, comme on voit. Le vent prenait-il ses ébats dans le bassin de Wintzfelden, c'était encore le souffle d'Odin, ce qu'on appelait autrefois *oskabyrr*, car Oski et Omi, d'après Grimm, étaient des noms d'Odin personnifiant le bon vent. Or dans le même bassin nous trouvons ces souvenirs localisés par les noms de Wintzfelden (Windsfelden?), Ombach, Osenbach et Osenbyr. On écrivait autrefois Ochsenbach, sans doute pour Oskenbach, et naturellement aussi Oskenbyr.

Odin, pour commander à n'importe quel vent de se lever et de souffler, n'avait qu'à tourner de ce côté-là son chapeau. Aussi bien qui dit *wunschhut* dit *windhut*. Si l'on vous dit enfin que Sleipnir, son cheval blanc, n'avait pas moins de huit jambes, c'est apparemment pour indiquer, en donnant à chacun la paire, les quatre principaux vents du ciel ou la direction des quatre points cardinaux.

Le vent du nord avait ce privilége entre tous, qu'il était figuré par un aigle. C'était donc l'Aquilon, et ce grand aigle qui volait autour du château du Kastelberg, n'était autre chose, sans doute, que le vent du nord, vent produit, disait-on, par un aigle gigantesque qui habite au pôle et qui s'amuse à battre de l'aile.

Le nom d'Engelberg, donné à la région supérieure du Kastelberg, semble faire allusion à saint Michel, le successeur d'Odin. On sait que l'aigle était aussi l'oiseau de Jupiter, dieu de l'air comme Odin, lequel fut surnommé pour cette raison *Hangegod,* le dieu suspendu entre le ciel et la terre. Jupiter, mieux avisé, s'est contenté d'y suspendre sa céleste moitié.

V.

L'acousmate, ou les voix d'en-haut.

Ne vous est-il jamais arrivé, cher lecteur, comme à tant d'autres qui vous l'affirment, d'entendre le soir, dans le calme de la nature, un de ces bruits étranges que l'on ne sait comment s'expliquer? Tantôt c'est un bruit de chasse, et vous diriez une meute, sans qu'il vous soit possible de rien apercevoir autour de vous; tantôt vous croiriez entendre des hommes qui courent, des chevaux qui galoppent, des carosses qui roulent. Ici c'est une musique aérienne, un concert de voix et d'instruments qui approche, passe et s'éloigne; là c'est un affreux tintamarre de sons stridents, de voix aiguës et discordantes. Le phénomène de ces voix de l'air a été observé dans toutes les parties du monde, sur les bords de la mer, dans les vastes plaines du désert, dans les vallées profondes et sur le haut des montagnes (1). « Que de fois, » s'écrie le poète Milton, et tout n'est pas fiction poétique ici, « que de fois du haut des montagnes ou du fond des bosquets, l'écho nocturne rapporte jusqu'à nous des voix célestes chantant le sublime Créateur, et tantôt seules, tantôt se répondant, se mariant en chœur, elles traversent le calme immense

---

(1) Voir sur ce sujet *Autenrieth: Stimmen aus der Hœhe.*

de la nuit! » Si vous interrogez nos montagnards, il n'en est pas un qui ne fasse bon marché de toutes les autres croyances ou traditions superstitieuses; mais presque tous vous garantiront l'existence de ces bruits de l'air, de ces voix d'en-haut, et plusieurs vous assureront les avoir entendus. Tous s'accordent à les mettre sur le compte de la chasse nocturne *(das nachtgejæg)*.

Qui nous expliquera la cause de cet étrange phénomène? car nous n'avons garde de prétendre ici soulever le voile dont la nature a couvert son mystère. Et que d'énigmes d'ailleurs qu'il ne sera jamais donné à l'homme de deviner! Combien de secrets que l'oreille humaine, toujours aux écoutes, épiera toujours en vain! Quoi qu'il en soit du phénomène en question, nous croyons devoir insérer ici la description encore inédite d'un acousmate, tel qu'il a été observé en 1784 près d'Echentzwiller, par deux jeunes chasseurs, Messieurs Lecœur et Moll. Ce dernier, député sous la Restauration, a consigné le fait dans une relation qui nous a été communiquée dans le temps par M. Lecœur, fils du précédent et curé de Guebwiller, de vénérable mémoire. Nous pouvons donc en garantir la parfaite authenticité.

Voici le récit :

...« Ce fut en Mai 1784. Le ciel était étoilé et étincelant. Néanmoins l'absence de la lune de notre hémisphère ne laissait pas que de rendre la nuit assez sombre. Le son lointain et majestueux de cinq cloches qui dans mon village accompagne chaque samedi le pieux cortége qui se rend processionnellement au cimetière pour prier et jeter l'eau bénite sur la tombe de nos défunts parents et amis, avait cessé depuis quelque temps et fait succéder un silence que les zéphyrs mêmes n'interrompirent pas.

« Ce fut au milieu de ce calme imposant que nous cheminâmes vers le village.

« A peine nous eûmes fait une centaine de pas dans la prairie, que nous entendîmes la voix très-distincte d'un petit chien roquet jappant comme s'il était à nos pieds. Nous ne vîmes en cela d'extraordinaire que la circonstance particulière de ne rien apercevoir autour de nous, et qu'il n'y avait pas le plus léger mouvement ou bruit qui eût pu nous faire soupçonner la présence de l'animal ou de son maître ; ce qui néanmoins n'amena dans le moment d'autre réflexion de notre part, sinon, je me le rappelle très-exactement, que je disais : C'est apparemment quelque arroseur qui, accompagné de son chien, est là pour soigner l'irrigation de son pré. Je n'eus pas achevé de parler, qu'un cri articulé et absolument semblable à celui que pousse le lièvre lorsque des coups de plomb l'atteignent à la tête, se fit entendre à la même proximité. Ici encore la pensée immédiate qui me vint, fut celle-ci : que le roquet, poursuivant le lièvre, l'avait happé.

« Mon camarade que ces cris préoccupaient beaucoup plus que moi, me disait au même instant : « Nous allons en entendre bien d'autres ! » ce qui devait me faire supposer qu'il avait quelque pressentiment suggéré par la connaissance d'antécédents sur ce qui devait se passer ultérieurement.

« En effet, soudain une voix imitant le beuglement d'un veau, éclate avec force et retentit à plusieurs reprises, tantôt à nos côtés, tantôt en avant de nous. Bientôt d'autres cris d'animaux dont nous ne pouvions discerner l'espèce, sans doute parce qu'ils nous étaient inconnus, vinrent s'entremêler et se confondre, en se faisant entendre par intervalle en modulations facétieusement variées, toujours à une très-petite distance de nous, sans que nous pussions rien apercevoir, et cela au milieu d'un grand silence, qui en rendait l'effet d'autant plus vibrant et impétueux, ces cris arrivant d'ailleurs avec fracas et comme des coups de foudre, sans la moindre oscillation préliminaire ou subséquente.....

« Sans plus prononcer une parole, nous précipitâmes le pas à travers l'herbe mouillée sous l'accompagnement de ce vacarme bizarre..... Quoique bien désireux de questionner mon camarade sur ce qu'il pouvait savoir touchant sa prédiction : « Nous allons en entendre bien d'autres ! » le souci et la succession rapide des incidents m'en avaient empêché !

« Nous étant arrêtés un instant sur la petite chaussée afin de bien nous recorder pour ne pas dévier du chemin direct vers notre demeure, la scène change tout-à-coup et prend soudainement un tout autre caractère d'un genre non moins bizarre.

« Ce ne sont plus désormais ces cris d'animaux qui ont cessé entièrement pour être remplacés par une espèce d'harmonie mélodieuse d'instruments, pour laquelle je ne trouve aucune expression propre à la bien définir, ou pour en bien faire comprendre l'effet. Un assemblage de sons assez nets et bien liés, retentit aussitôt au-dessus de nos têtes, formant, si je puis m'exprimer ainsi, un concert à grand orchestre. Les sons étaient pleins, soutenus, et l'ensemble m'eût paru, je crois, agréable, sans la préoccupation où j'étais que la magie entrait pour quelque chose dans ce jeu. Dire à quelle sorte d'instruments les sons pouvaient être attribués ou assimilés, toute mon attention a resté en défaut, il m'a été impossible d'y reconnaître le jeu de tel ou tel instrument usité. Les sons cependant n'avaient rien non plus de la voix humaine, ni du chant des oiseaux ou du mugissement des quadrupèdes. L'uniformité d'exécution peut faire penser que l'ensemble provenait d'un seul instrument organisé, comme on en voit aujourd'hui de plus d'un genre, et si une comparaison peut être hasardée, je citerai l'harmonica, qui néanmoins ne peut donner qu'une idée imparfaite de la symphonie aérienne. Ici les sons étaient mieux arrondis et surtout beaucoup plus dilatés.

« A mesure que nous poursuivîmes notre chemin, la musique s'avançait en même temps et suivait exactement notre direction. Plus d'une fois nous avons stationné pour mieux nous assurer de cette coïncidence. Dès l'instant que nous fîmes halte, il en fut de même de l'orchestre qui se trouvait toujours verticalement placé au-dessus de nos têtes.....

« Notre attention ne fut pas de longue durée. Bientôt après la scène lyrique rétrograda et s'éloigna successivement de nous, en prenant la direction vers l'orient. Les sons diminuèrent graduellement, du moins nous éprouvions cet effet par l'éloignement successif, en telle sorte que la finale se terminait exactement, comme on dit en terme de musique, *perpendoso*.

« Après cela une espèce de déclamateur sembla se détacher de l'orchestre en venant droit vers nous, comme pour nous annoncer que la scène était finie. Sa déclamation fut le cri répété plusieurs fois d'une manière énergique et hardie, imitant dans la perfection le cri aigu que pousse la nuit, lorsqu'il fait froid, le grand-duc ou chat-huant. Ce cri m'était trop bien connu pour que je pusse me méprendre. Je dois dire cependant qu'il me paraissait beaucoup plus expressif et plus perçant, et chose remarquable, mais de la plus exacte vérité, bien que ces cris se succédassent également par un *decrescendo* en s'éloignant, le dernier qui semblait venir du point extrême, c'est-à-dire de l'entrée de la forêt, était de tous le plus expressif et le plus pénétrant, poussé avec une sorte de bravoure théâtrale, comme si c'était un dernier effort pour appliquer le sceau à l'œuvre.

« Dès ce moment nous regardâmes la scène comme achevée, et en effet il en fut ainsi. Tout redevint calme et silencieux comme auparavant, le feuillage même des arbres voisins restait immobile. Ce subit contraste nous causait la plus vive impression.

« Stupéfaits et comme en extase, nous demeurâmes quelques moments dans notre attitude d'étonnement. Voyant que tout avait cessé, nous fîmes volte-face pour rentrer chez nous.

« L'empressement à regagner le village était à ce moment ce qui m'avait le plus préoccupé. J'eus la bonhomie de me persuader que nous trouverions toute la population de l'endroit, qui est de 900 à 1000 âmes, remplissant les rues et les croisées, à s'entretenir et à s'interroger sur ce qui venait de se passer, ne jugeant alors que de l'effet naturel qui, d'après mon calcul, devait être le même que sur nous, au moins à une demi-lieue à la ronde. Ce fut pour moi un véritable désappointement, quand je vis que tout était dans la quiétude la plus complète et qu'on n'apercevait même plus de lumières dans les maisons. Il était dix heures du soir.

« Ce mécompte venait jeter un nouveau trouble dans mes réflexions et m'affecta de la manière la plus désagréable. Cependant je fus conduit par là à mieux asseoir mon raisonnement en me disant : si ce que nous venons d'éprouver et d'entendre avait été un évènement produit par des causes d'un ordre naturel, le bruit éclatant aurait dû nécessairement frapper, tout aussi bien que nous, les habitants des villages d'alentour, et troubler le sommeil de tout le monde. Ce raisonnement fait à l'instant même me restera toujours insoluble, et c'est sans doute aussi ce qui embarrassera le plus ceux qui voudraient s'obstiner à n'attribuer l'évènement qu'à des causes purement physiques......

.....« A présent qu'on taxe ce que je viens de rapporter, de rêve creux d'un cerveau fêlé, de mensonge effronté, tout ce que l'on voudra; c'est à quoi l'on peut s'attendre; mais si à mon heure dernière quelqu'un venait pour me questionner à ce sujet, ma réponse est préparée, la voici, je dirais : J'ai consigné le récit par écrit et de ma main, lisez-le, vous saurez la vérité, aussi bien que si je vous la disais de vive voix. »

Paris, 1826.

VI.

Le Val fleuri.

C'était par une belle et chaude soirée d'été. Odin, l'infatigable chasseur, s'en revenait de la chasse, mais fatigué cette fois, harassé, brisé; car il n'avait fait que battre la plaine tout le long du plus long des jours. Une grotte se trouvait là qui lui offrait de la fraîcheur et l'invitait au repos; il y entra, se coucha, et s'endormit aussitôt d'un profond sommeil. Mais à peine eut-il fermé la paupière, qu'un énorme sanglier, qu'il avait longtemps pourchassé, s'approcha de lui et d'un coup de dent le blessa au pied. Le sang coule, se répand, et rougit au loin le sol à l'entour. Or voilà que le lendemain, quand le soleil eut dissipé les ténèbres, chaque goutte de sang avait produit une fleur qui se balançait mollement au souffle de la brise.

Gazons et bois, tout le vallon était émaillé de fleurs, et l'air en était parfumé de mille senteurs.

Le même trait se reproduit, à peine modifié, dans la mythologie grecque. Adonis est blessé et tué à la chasse par un sanglier, et Vénus inconsolable, qui l'a suivi partout, jusque sur les montagnes, y fait naître de son sang l'anémone, la fleur du vent. C'est le soleil couchant suivi de sa brillante compagne, l'étoile du soir. Le chasseur Orion est blessé de la même manière par un scorpion, et cette blessure est cause de sa mort. Mais que signifie cette blessure, et puis ce sanglier ou ce scorpion? C'est encore le soleil qui, au solstice d'été, s'arrête et recule, comme blessé au pied dans le signe du Cancer, et qui au solstice d'hiver meurt, tué par le Capricorne, auquel le Nord a substitué le Sanglier. Mais au printemps, ce matin de l'année, on voit les fleurs renaître et la végétation reprendre une vigueur nouvelle; puis comme le jour et l'année nous offrent la même image, les deux souvenirs se sont confondus ici, en sorte que le chasseur blessé est aussi bien le soleil couchant, rougissant au loin le ciel de ses feux, ou répandant sur la terre la rosée, ce sang de l'aurore et du crépuscule.

Nous voyons ainsi le ciel et la terre faire comme un échange de tableaux en se prêtant mutuellement leurs plus belles images. Le ciel, en se colorant des feux du soir, devient ce jardin de délices qui forme, avec ses monts d'or, ses lacs d'azur, ses fleuves de lumière et ses îles flottantes, le séjour enchanté des Immortels; et la terre, qui semble recevoir toutes ces magnificences à mesure qu'elles descendent sur l'horizon, a par suite aussi ses Iles Fortunées, ses Champs-Elysées et son Jardin des Hespérides aux pommes d'or. Ce riant tableau, dont plus d'un trait nous apparait comme une réminiscence de l'Eden, chaque peuple, chaque contrée le plaçait au bout de son horizon, du côté où il croyait voir le ciel descendre sur la terre. C'était d'ailleurs le côté de l'inconnu, car on venait de l'orient comme le soleil, et l'espace n'a-t-il pas ses illusions comme le temps, le lointain ne sourit-il pas comme l'avenir? Les hautes montagnes qui bornaient la Marche au couchant, on les regardait, pour ainsi dire, comme la fin du monde. C'étaient bien les confins du monde germanique. Comme aujourd'hui encore pour le plus grand nombre, il n'y avait plus rien au-delà des monts. Rien de plus naturel, dès-lors, que de retrouver localisés sur nos montagnes quelques souvenirs, quelques images du séjour des dieux, comme un dernier débris de la Walhalla. C'est ainsi que nous rencontrons successivement sur les hauteurs du Ballon, en faisant le tour de la montagne, le Pré d'or *(Goldenmatt)* où jaillit la source du Ruisseau d'or *(Goldbach)*, la Fontaine de la Princesse *(Princessenbrünnlein)*, la Tête de miel *(Honigkopf)*, le Chapeau d'Odin et le Chariot d'or. Puis voici le Florival, le *Blumenthal,* et à l'entrée même de la vallée le mont Scheinberg, avec l'Engelberg au haut et la Hœll au bas, sans parler de certaine cave mystérieuse *(Geisterkeller)*, d'où s'échappe, dit-on, un bouquet de nectar digne des dieux. Et puis ce merveilleux château que l'on nous dépeint encore, avec ses fenêtres aussi brillantes que des diamants, aussi nombreuses que les jours de l'année, et plus loin enfin, au-delà du Schæfferthal, ces riants côteaux du *Paradis* et du *Himmelrich!* Que faut-il de plus pour nous rappeler le séjour des dieux?

Mais c'est bien assez, pour le moment, de notre Val fleuri, et si vous ne lui trouvez pas assez de fleurs pour en composer ce nom de Florival, supposez alors qu'il ne le doit, lui aussi, qu'à sa position; placez-y la grotte du chasseur céleste et dites-nous que ses fleurs lui sont tombées du ciel, que c'est le sang d'Odin blessé, la fleuraison du crépuscule s'épanouissant sur la terre. Aussi bien, plus d'une de ces fleurs symboliques transplantées sur nos montagnes, nous semble-t-elle redire encore le nom du dieu qui avait fixé là son séjour. L'anémone du Ballon se plait toujours à recevoir les caresses et les coups du vent. Voici l'*Herbe Saint-Jean*. Cueillez-la avec respect et portez-la toujours sur vous, et vous apprendrez à marcher en dépit du Juif errant, sans jamais éprouver la moindre fatigue. Voilà la fougère, particulièrement chère à Odin, et dont quelques graines seulement dans votre soulier vous rendront aussi invisibles que si le dieu lui-même vous eût coiffé de son chapeau. Voulez-vous avoir quelque chance au jeu? Prenez la scabieuse succise, autre enfant gâté d'Odin, ce dieu joueur si dignement remplacé par le chasseur vert qui donne l'escarboucle en échange d'une âme. La plante est appelée aussi *Mors du Diable,* parce que le malin, dans un moment de dépit contre elle, en a rogné la racine. J'en passe, et des meilleures, comme par exemple la digitale, qui fournit le petit chapeau rouge des elfs. Notez bien, toutefois, que ces précieuses plantes ne doivent être cueillies que le jour même de la Saint-Jean, avant le lever du soleil, pendant qu'elles dégouttent encore, pour ainsi dire, du sang divin. Seul le gui sacré, cette plante toujours verte dont la semence, disait-on, tombe du ciel, le gui doit être cueilli au solstice d'hiver, à Noël, pour signifier la naissance d'un nouveau soleil, phénix renaissant de ses cendres. *Au gui l'an neuf!* s'écriait-on à cette occasion. C'est que le gui était le symbole de l'âme, laquelle est d'origine céleste aussi, et de même qu'il est né et qu'il a vécu sans contact avec la terre, ainsi doit-il être recueilli aussi, sur une toile fine de la plus éclatante pureté, et coupé de l'arbre avec une lame d'or, par la main d'un prêtre en robe blanche.

Pour revenir à notre *Val fleuri,* quel que soit l'origine de ce nom, nous pouvons certifier du moins qu'il date de loin. Ecoutez plutôt ce que disait du Florival, dès le onzième siècle, un religieux de Murbach. Dans une vie de saint Léger, écrite par le moine Fruland sur l'ordre de l'abbé Eberhard, mort en 1049, l'auteur célèbre en ces termes la situation de son couvent :

« Il est un lieu situé sur les confins de l'Alsace et
« des Vosges, appelé Murbach, où le Seigneur a placé
« le chef du saint martyr, fécond en vertus, comme
« au centre même de la terre, enchâssant ainsi comme
« une perle céleste dans une conque d'or. En effet, de
« fertiles côteaux, étalant leurs flancs couverts de pam-
« pres, forment là une VALLÉE FLEURIE, comme un autre
« paradis où le sang de Bacchus coule à flots. »

Voilà des fleurs aussi, et ce n'est pas si mal trouvé, comme on voit, pour un bouquet de cette saison-là. Nous ne faisons que traduire, voici le texte :

« *Est quidam locus, in finibus Alsatiæ et Vosagi situs, Morbach dictus, ubi collocavit dominus sancti martyris caput, fertile virtutibus, quasi in ombilica terræ ipsius, scilicet cœlestem gemmulam includens in auream concham. Nam pinguissimi colles, vinifera latera amplificantes, efficiunt* FLORIGERAM VALLEM, *seu paradisum æmulantem et bacchæo sanguine habundantem.* » Hist. de saint Léger, par le R. P. dom Pitra. Analecta murbacensia, p. 565.

Le nom de *Blumenthal* se trouve également mentionné par la chronique, à la date de 1294. C'est une sainte colonie de religieuses qui viennent fonder, sous ce nom, un couvent près de Guebwiller : fleurs vivantes qui ont un instant embaumé la vallée du parfum de leurs vertus, pour s'en aller ensuite refleurir avec un éclat immortel, au jardin du Père céleste.

VII.

Le Chariot d'or.

Quand on a l'honneur de s'appeler Odin, eût-on un coursier à sa disposition comme l'incomparable Sleipnir, on ne sort pas toujours à cheval, on ne se contente pas de guerroyer et de giboyer. Il faut savoir représenter aussi, tenir cour plénière à l'occasion, et se montrer à ses peuples comme une majesté qui règne et qui gouverne. A côté du roi, d'ailleurs, n'y avait-il pas aussi la reine ? A ce double titre il convenait donc qu'Odin eût un équipage, et un équipage digne de lui et digne d'elle. Ce ne pouvait être qu'un char d'or, car tout est d'or chez les Immortels. Mais alors qu'est devenu ce précieux véhicule ? Si nous étions assez heureux pour retrouver le lieu où Odin avait coutume de remiser son char, nous aurions aussi la grotte où le chasseur céleste allait se reposer le soir au retour de la chasse.

Les peuples du Nord ont dû fixer de bonne heure leur attention sur cette belle constellation de sept étoiles que nous appelons la Grande Ourse ou le Grand Chariot, et que nous voyons pendant toute l'année faire le tour du pôle ; mais ils l'appelaient, eux, le Chariot d'or d'Odin, et certes, on ne pouvait lui trouver une destination plus digne. Le chariot d'or, tout brillant qu'il était, n'était visible pourtant que la nuit. Où se trouvait-il remisé le reste du temps ?

Chez les Grecs, le char du Soleil descendait dans l'Océan. Plus modestes, mais pas plus embarrassés que les fils de Pélops, nos pères se contentaient de faire descendre le Chariot d'or dans le lac du Ballon. Oui, c'est là que se trouve remisé le merveilleux véhicule, et il faut bien qu'il y soit encore, puisque personne n'est parvenu jusqu'à ce jour à l'en retirer. Il doit être de toute beauté, parfaitement conservé du reste, et depuis que l'on travaille à faire une saignée au lac, plus d'un curieux s'est déjà demandé s'il ne serait pas possible, à cette occasion, d'arriver jusqu'au chariot.

Il y aurait bien moyen, dit-on, d'y arriver sans vider le lac, et de s'emparer ainsi du bijou, s'il se trouvait seulement, pour l'entreprendre, sept hommes de bonne volonté, mais tous frères du même lit et n'ayant point de sœur. On raconte même dans la vallée, que les sept frères s'étant présentés un jour, l'opération fut tentée, et tout allait si bien que le chariot, traîné par les sept, se trouvait déjà hors de l'eau, lorsqu'un petit bonhomme à barbe blanche, un vieux pâtre du voisinage, vint à passer par là et leur dit : « Que Dieu vous soit en aide ! »

« « Pas n'est besoin, repartit ironiquement l'aîné des frères, nous le tenons ! » »

Imprudent ! A peine eut-il dit ces mots que le chariot, faisant demi-tour à gauche, redescendit lentement, mais irrésistiblement dans le lac, entraînant tout son attelage avec lui. Force fut aux sept de lâcher prise, bien heureux encore d'en être quittes pour un bain froid.

Qu'on juge de leur dépit de se voir ainsi dépossédés pour un mot, par la faute d'un seul, après tant d'efforts et au moment même où ils tenaient déjà le magot. Aussi à partir de ce moment ce ne furent plus, du lac jusqu'au Mohrenfeld, que reproches amers et récriminations sans fin, surtout à l'adresse du présomptueux dont la parole avait été cause de tout le mal. Le malheureux eut beau se récrier, aux reproches succédèrent bientôt les menaces; il eut beau se défendre, des menaces on en vint aux coups, et que voulez-vous qu'il fît contre six? Il mourut, assommé par ses propres frères! Mais ce ne fut là que le commencement de la fin; car aussitôt une nouvelle querelle s'engagea, plus violente et plus sanglante encore que la première, et les six meurtriers de s'entretuer à leur tour, si bien qu'à la fin il n'en resta plus qu'un seul en vie, lequel, pour ne pas survivre aux autres, alla se pendre à un arbre. A partir de ce jour-là ou de cette nuit-là, qui dit Mohrenfeld dit *Mordfeld*.

Mais, nous dira-t-on peut-être, ne semble-t-il pas que le chariot d'or ait disparu deux fois de suite, au lac d'abord, et puis encore au Mordfeld?

Patience, cher lecteur. Vous oubliez qu'il y a deux chariots au ciel, le grand et le petit, et il fallait bien qu'ils fussent remisés l'un et l'autre.

Et qu'avait à faire là ce malencontreux bonhomme de pâtre, se rencontrant avec les sept frères au bord du lac? Qu'on veuille bien se rappeler ici que la constellation du *Bouvier* fait suite à celle du Grand Chariot, et l'on verra que notre bonhomme avait pleinement le droit de se trouver là.

N'est-ce pas encore pour cette même raison qu'Arcturus, la plus belle étoile du Bouvier, prend quelquefois la place du chasseur nocturne, comme venant à la suite de la Grande Ourse? Et voilà pourquoi aussi les Anglais ont mis à la tête de la chasse nocturne leur roi Artus, le héros fabuleux de la Table-Ronde.

Or donc, si l'on vous dit encore que le Mordfeld tire son nom du meurtre des sept frères religieux massacrés en 929 par les Hongrois, n'en croyez pas un mot, car le vieux de la montagne de qui nous tenons le fait, nous a affirmé positivement que les ossements du sarcophage de Murbach sont bien ceux des sept frères de l'histoire du Chariot d'or.

Arcturus, qui peut être pris comme chassant l'Ourse ou comme conduisant le Chariot, est donc la principale étoile du Bouvier. Nous avons cru reconnaître le Bouvier céleste dans ce pâtre qui se rencontre avec les sept frères au bord du lac. Que faisait-il là ? La légende suivante va nous l'apprendre.

On entend quelquefois au bord du lac, pendant la nuit, un affreux mugissement; puis c'est une voix d'homme qui appelle, qui crie, qui s'impatiente et qui gourmande; puis enfin un lamentable gémissement, après quoi de nouveau le plus profond silence. D'où vient tout ce bruit ? C'est un vacher qui est occupé là, toute la nuit durant, à tirer du lac une vache qu'il eut un jour la cruauté de pousser et de repousser dans l'eau jusqu'à ce que mort s'en suivît et que la pauvre bête fût noyée. Après un dernier effort la vache est enfin dehors, et déjà elle commence à paître l'herbe du rivage, lorsque tout-à-coup elle glisse, recule, et entraînée par son propre poids, roule au fond de l'abîme. Cependant le jour commence à poindre derrière le Ballon, et le vacher doit rejoindre son troupeau qui se débande. Ce sera donc à recommencer la nuit prochaine, et ainsi de suite jusqu'à ce que la vache soit rendue au maître ou payée. On ajoute, pour la consolation du débiteur, que chaque nuit le crédite d'une obole.

VIII.

L'Ondin.

Odin n'était pas seulement le dieu de l'air, il régnait encore sur les eaux, et ce n'était que justice. Qui nous verse la pluie et la rosée, si ce n'est l'air? *Jupiter assembleur de nuages*, Odin était donc en même temps un *Jupiter pluvius*, assis sur les hauteurs et épanchant de son urne les eaux du ciel, les sources et les rivières. *Nimbosus Orion*, disaient les anciens poètes; car la chasse d'Orion, c'est tout à la fois et le vent qui se déchaîne, et la tempête qui mugit, et l'averse qui tombe. Comprenez-vous maintenant aussi comment, d'un coup de lance ou de bâton, selon qu'il sera guerrier ou voyageur, ou bien encore d'un coup de sabot de son cheval, Odin fait jaillir les sources d'eau, sources du ciel et de la terre? Cette lance ou ce bâton figure aussi le rayon de soleil qui tantôt fait couler les sources, tantôt les boit et les absorbe, comme le bâton de saint Gangolf; et ce guerrier à cheval, armé de sa lance et faisant retentir le ciel des pas de son coursier, c'est encore la nuée d'orage avec l'éclair qui brille et la foudre qui gronde. Or qui dit orage et pluie, dit chaleur et humidité, c'est-à-dire croissance, fertilité, abondance. Auteur ou personnification de tous ces biens, Odin était donc invoqué à ce titre sous le nom de Géfion, Gébon ou Gében, le souverain dispensateur.

Pour ne pas sortir de son élément quand il descendit sur la terre, Odin avait fixé son séjour au fond d'un lac ou d'un fleuve, et ce fut alors l'ondin Nichus, le roi des ondins (*nixe*), lequel n'est autre que notre *Nikelmann* ou *Wassermann*, cet être sauvage et farouche, à la chevelure verte et toute ruisselante d'eau, la terreur des petits garçons qui vont se baigner. N'avez-vous jamais rien vu, jamais rien entendu quand, à l'époque des grandes eaux, vous passiez le soir près de la Croix de bois, à cet endroit où la Lauch, en sortant de la vallée, vient baigner une dernière fois le pied de la montagne? Le bruit du flot qui mugit, c'est la voix de l'ondin qui vous appelle.

Il y avait là jadis une passerelle jetée sur la rivière. Blotti sous le pont, Nichus attendait chaque soir que quelque buveur attardé vint, d'un pas chancelant, à passer ou plutôt à ne pas passer dessus, pour lui mettre de l'eau dans son vin, en souvenir, sans doute, pour ne pas dire en vertu d'un ancien droit; car il faut savoir que Nichus ne se contentait pas toujours d'une pièce de monnaie jetée dans l'eau en guise de péage; il lui fallait de temps à autre, comme à Odin, l'offrande d'une victime humaine, ne fût-ce que le corps d'un petit nouveau-né. Les sacrifices à Nichus consistaient donc en noyades, comme ceux du dieu des airs consistaient en pendaisons, d'où cette singulière tradition encore vivante parmi le peuple, que le jour de la Fête-Dieu le diable veut avoir un noyé et un pendu.

La Fête-Dieu est ici pour la fête du solstice.

Le culte de Nichus avait du moins cet avantage pour les païens, qu'il leur offrait un moyen commode de se débarrasser des nouveau-nés qui leur semblaient de trop au monde : on les apportait à Nichus, c'est-à-dire à la rivière. Les Chinois d'Asie en sont encore là pour leurs petits surnuméraires; mais qui ne sait que c'est là un peuple de païens, cruel et stationnaire? Aussi nos Chinois d'Europe les ont-ils bien distancés sous ce rapport comme sous beaucoup d'autres, depuis que Nichus s'est intitulé Malthus.

Notre Nichus habitait donc au pied du Merhund. Etait-ce par hasard son chien que l'on entendait désigner encore par ce nom de *Merhund?* Car Nichus aussi avait son chien, un chien blanc, un gros caniche comme celui que vous pouvez voir quelquefois, si vous arrivez à propos, s'élancer d'un bond du haut des rochers de la cascade de Murbach. Le vieux lièvre qui symbolise la cascade du Seebach ou le Saut du Lièvre, est également blanc. C'est la couleur de l'eau qui écume.

Plus de Nichus aujourd'hui, et les petits garçons peuvent aller se baigner dans la rivière, et se noyer même, sans avoir rien à craindre du *Wassermann.* Avec le génie des rivières est parti aussi le génie des puits, Butz, qui n'est peut-être que l'ancien Butès, et depuis que le puits de la rue du Butz est couvert et le seau remplacé par une pompe, les plus petits enfants peuvent en approcher, il n'en sortira plus de *butzemann.*

Le dieu Butès, qui se jeta dans un puits, était fils de Borée, à peu près comme la pluie est fille du vent.

Au reste, les petits enfants, depuis qu'on les baptise, n'ont-ils pas trouvé un ami et un protecteur dans le grand saint Nicolas, patron aussi des pêcheurs et des navigateurs? Nous avons dit qu'une chapelle de Saint-Nicolas s'élevait au Heisenstein, sur la Lauch. C'est là que Gébon-Nichus était honoré par les païens, et l'on sait de quel culte! Ne soyons pas surpris de nous entendre dire, par ironie, que les pauvres enfants sacrifiés, ces petits anges, sont encore là à chanter dans le rocher. Ce sont leurs pleurs que vous entendez et leurs gémissements, et le rocher attendri ne peut manquer de pleurer et de gémir avec eux.

Il ne faut pas oublier néanmoins que le bon saint Nicolas n'a charge de protéger et de récompenser que les enfants sages, et que Nichus, le terrible Nichus, n'a pas cessé d'en vouloir aux autres. Quel est, à côté du saint évêque au visage souriant, aux mains toutes pleines de dons et de douceurs, ce farouche compagnon armé de sa longue verge? Ne le reconnaissez-vous pas? C'est lui-même, c'est Nikelmann !

La chapelle de Saint-Nicolas, au Heisenstein, a disparu depuis fort longtemps; mais jusqu'à ces derniers temps la piété se plaisait à aller prier là au pied d'un modeste calvaire. En temps de sécheresse, par exemple, on allait y demander à Dieu de la pluie.

C'est encore au pied du Heisenstein, le long de la Lauch, que nous avons vu se former et grossir le dernier et principal groupe d'habitations, ce hameau qui a fini par absorber tous les autres hameaux de la colonie de Gébon, pour entrer enfin dans l'histoire de l'Alsace sous le nom de *Gebunwilare.*

Et maintenant suivons les bords de la Lauch et pénétrons jusqu'au fin fond de la vallée. Nous voici arrivés au milieu de la plus profonde solitude. Plus d'habitations, plus de route. Les montagnes des deux côtés de la vallée se rejoignent comme pour nous barrer le chemin; tout autour de nous des forêts à perte de vue qui semblent vouloir monter jusqu'au ciel. On se croirait aux confins de la terre, et les gens du pays ont quelque peu raison de dire que nous sommes là devant la *cloison du monde* (1). Quel est ce bruit monotone que l'on entend toujours, comme si un vent soufflait sur les hauteurs ? C'est le bruit du Saut-du-Cerf, c'est le torrent qui mugit en se précipitant de chute en chute au fond de la vallée. Autrefois on vous aurait dit que c'est Gébon assis sur la montagne et épanchant dans la vallée les flots de son urne; mais les charbonniers

---

(1) « *Dort ist die Welt mit Brettern zugenagelt.* »

en ont fait depuis longtemps un tout autre personnage. Voyez-vous là ces débris de moraine, ces rochers accumulés par le glacier au pied de la montagne? Cette voix lamentable et ces plaintes et ces gémissements qui en sortent ne sont pas, comme vous vous l'imaginez, l'écho de la cascade; non, c'est la voix du *Solitaire*. Ne savez-vous pas l'histoire du solitaire du Lauchen? C'était un jeune libertin qui affectait de ne craindre ni Dieu ni le diable. Toute remontrance était inutile, et quand on lui disait qu'il pourrait bien arriver quelque part où il aurait à se repentir de sa conduite : « bah! répondait-il, j'y trouverai encore beaucoup de camarades. » Triste consolation, sans doute, et cependant voilà que cette consolation même lui est maintenant refusée. Oui, le voilà à pleurer là, tout seul et sans camarades, *mutterseelenallein*, relégué sous un monceau de rochers au fond le plus solitaire de la vallée. *Væ soli!*

A quelques pas du dernier pont de la Lauch, en face de cette montagne sauvage, hérissée de rochers et de sapins, qui porta jadis le manoir des Hausen, on vous montre dans la forêt un sapin d'une espèce particulière, en ce que toutes ses branches poussent du côté du midi et penchent vers la terre. On ajoute qu'il fait entendre, quand le vent y passe, un gémissement étrange. C'est le sapin pleureur, image de notre Solitaire.

IX.

Le Dragon d'eau.

Nous venons de voir ce qu'est devenu l'ondin de la Lauch. Voyons maintenant ce qu'on a fait de celui du lac.

Les divinités qui personnifiaient autrefois la nature, ses forces et ses phénomènes, après avoir été des géants dans l'imagination des hommes, ne furent plus à la fin que de misérables pygmées. Mais tout en s'amoindrissant toujours pour se multiplier en proportion, afin de pouvoir ainsi personnifier la nature dans tous ses détails, ces géants du monde primitif n'en laissèrent pas moins un souvenir de leur puissance. Les perturbations atmosphériques, les grands cataclysmes de la nature, les bouleversements qu'a si visiblement subis notre globe, et dont les traces, à ces époques primitives, devaient être bien plus visibles qu'aujourd'hui, tout cela était certainement de nature à frapper vivement l'imagination des peuples. Vivant d'ailleurs au milieu de cette nature à laquelle leur existence se rattachait par tant de liens, ces peuples nomades durent s'appliquer de bonne heure à en observer les phénomènes; mais leur esprit ne pouvant plus s'élever à l'idée d'une providence universelle, ils les attribuèrent à je ne sais quel être bizarre, monstrueux, qui résumait en lui tous les éléments de la nature. Ainsi l'orage avec ses ailes de vent, avec son arsenal de grêle et de foudres et ses torrents d'eau, ne fut plus à leurs yeux qu'un horrible dragon, monstre ailé, à l'haleine de feu et à la queue de poisson, figurant tout à la fois l'air, le feu et l'eau, et la terre même par ses énormes pattes. L'orage venait-il à éclater sur un point, c'était le dragon qui se déchaînait; une inondation avait-elle lieu, c'était le dragon qui était descendu dans la vallée et qui l'avait ravagée; et lorsque l'inondation laissait après elle la fièvre, la famine et la mortalité, c'était encore le dragon dont le souffle avait empesté l'air et dont le seul regard suffisait pour donner la mort. C'est lui, c'est le dragon qui garde ces trésors d'eau que la sombre nuée porte dans ses flancs, que le lac profond recèle dans son gouffre. Un dragon sera le gardien de tous les trésors de la nature. Dragon de feu ou d'air dans le ciel, dragon d'eau dans les abîmes, selon l'élément qu'il représente, le monstre se divise et se subdivise comme les éléments. La source même aura son petit dragon.

Il va sans dire, après cela, que le lac du Ballon était gardé, lui aussi, par un dragon d'eau. Or, voilà qu'un beau jour il prend fantaisie au monstre de visiter la vallée et de pousser une reconnaissance jusque dans la plaine. C'est en l'an de grâce 1304. Au milieu d'un épouvantable orage qui vient d'éclater sur le Ballon, ne se sentant plus d'aise à la vue d'un temps si beau, il sort, et moitié marchant moitié charrié par le flot, il descend la vallée comme un vaisseau, et au milieu de centaines d'arbres et de débris amoncelés par le fleuve, il va s'échouer dans la plaine, où il porte encore de tous côtés le ravage et la désolation. Ce ne fut qu'après beaucoup de peine et mille dangers que l'on parvint enfin à cerner, à attaquer et à tuer le monstre, et à délivrer ainsi le pays de ce fléau.

Mais laissons parler ici le naïf chroniqueur :

« *Es geschache in dem Belchenthal so hinder Muerbach ligt, ein grosser Wulchenbruch, dahero ein ungestimmes wetter undt ein erschrœckhliches Wasserwerckh entstandten, auff welchem Wasser ein graussamer Trach herundter geschwummen. Zu Muerbach ware das Wasser so gross undt ungestimm, das es etliche Heüser in dem selbigen Thal hinweg fiehrte, sampt die einte Seithen von unser lieben Frauwen Khürch zu Muerbach. Da nun das wasser an Sanctæ Catharinæ Weyer kam, da truckht das Wasser den Weyer hinweg, undt war das Wasser so gross undt ungestimm, das es die aussere Ringmauwren alhier zu*

Gebweiler, die bey dem Brackenthor ist, auch hinweg stiess. Es thet auch sehr grossen Schaden in gantzer gægne herumb, an Matten, Aeckheren, Gærthen undt Heüseren; was es nur antraff miest alles forth. Do nun das Wasser vergieng, da war der graussame Wurm zwischen Isenheimb undt Merxen auff das Landt khummen, welcher grossen Schaden thete an Mentschen und Vieh: niemandt dœrfte sich unterstehn an ihne zu wagen; dennoch wurde er endtlichen von behertzten Leithen angegriffen, undt mit grosser Mühe undt Arbeit umbgebracht.

Le dragon symbolisait aussi, chez les Germains, cette longue et froide nuit que l'on appelle l'hiver. C'était alors le dragon de glace. Toujours en opposition, toujours aux prises l'un avec l'autre, le sombre hiver et l'astre radieux du jour sont alternativement vainqueurs et vaincus. Aux équinoxes nous voyons les deux puissances un instant se balancer, mais bientôt la balance s'incline de nouveau, soit du côté de l'été, soit du côté de l'hiver, et ainsi jusqu'au solstice, où c'est le tour de l'autre. Mais le dragon, ce n'est plus Odin ici, c'est ce grand loup qui veut engloutir le soleil, et Odin, comme Balder ou Apollon, comme tous les deux qui personnifient le soleil, devient au contraire le vainqueur du dragon, tandis que la terre, au sortir de l'hiver, est cette belle captive, cette princesse que le héros vient délivrer en terrassant le monstre.

La poésie chrétienne ne dédaigna pas de recueillir ce souvenir, de s'approprier ce symbolisme de la nature, et il en sortit, tout transfiguré, ce beau mythe héroïque de Siegfried qui fut au Moyen-Age le sujet de tant de romances et d'épopées. Ici encore le monde visible n'est que le miroir du monde moral, car le vrai dragon c'est l'antique serpent, l'ange de ténèbres vaincu par l'ange de lumières, c'est le prince de ce monde attaqué au plus fort de son triomphe par le roi du ciel, par le Soleil de justice qui vient dissiper les ténèbres, briser la glace et rendre les âmes à la lumière de la vérité, à la liberté des enfants de Dieu.

X.

Le Serpent couronné.

Autrefois les enfants de Guebwiller se racontaient souvent, qu'à midi sonnant un beau serpent, brillant de mille couleurs, descend du Heisenstein au bord de la Lauch, avec une couronne de diamants sur la tête, et qu'après avoir déposé sa couronne sur une pierre, il entre dans la rivière pour se baigner. Heureux celui qui parviendrait à s'emparer du bijou! Le plus sûr moyen, pour y réussir, ce serait d'étendre sur l'herbe un mouchoir blanc, car le serpent ne manquerait pas d'y poser sa couronne. Il suffirait alors d'épier le moment, de saisir aussitôt le mouchoir par les quatre coins avec la couronne dedans, et de se sauver à toutes jambes, en ayant soin toutefois de courir toujours en serpentant. Une fois hors d'atteinte, on aurait sa fortune faite, tandis que le serpent y laisserait, je ne dis pas sa peau, ce qui serait peu de chose pour un serpent, mais sa vie. Il aurait en effet beau siffler pour appeler à son secours tous les serpents du voisinage, ils n'arriveraient plus que pour voir mourir leur roi.

Cette histoire de serpent couronné, qui ne se raconte pas seulement à Guebwiller, a encore son origine dans le symbolisme du culte de la nature. Odin était adoré quelquefois sous la figure d'un serpent, sans doute comme dieu de la nature dans le règne végétal; car de tous les animaux n'est-ce pas le serpent qui symbolise le plus fidèlement la plante ? Son domaine n'est-il pas au sein de la végétation, ne vit-il pas au milieu de toutes ces plantes, de tous ces simples dont il connait les vertus, et qui ont besoin comme lui de leur bain de jouvence pour continuer à vivre et à renouveler périodiquement leur écorce ou leur robe de verdure, comme le serpent renouvelle sa peau ? Mais pour se baigner, pour recevoir la rosée du ciel, il faut que la nature se découronne de son soleil, que le soleil par conséquent descende à midi du haut du ciel et aille se plonger dans la mer.

Froid comme la plante, s'engourdissant et se ranimant avec elle et souvent armé d'un semblable venin, le serpent avait donc bien le droit d'en être le représentant et le symbole, et partant aussi celui de la médecine. Odin d'ailleurs, comme dieu-soleil, était médecin, comme aussi Mercure et Apollon. Le serpent entourait pour la même raison le sceptre d'Osiris, et les deux serpents du caducée de Mercure, ce voyageur céleste des tropiques, qu'il sépare, pourraient figurer, comme symboles de la végétation, les deux hémisphères se couvrant alternativement de fleurs, de verdure.

Le soleil de l'année descend de sa hauteur comme celui du jour. Dans l'un et l'autre cas, si la nature ne retrouvait plus sa couronne, si le soleil ne se levait plus, toute plante y périrait. Mais le serpent, en se mordant la queue, fait l'anneau et produit ainsi, selon que l'anneau se rétrécit ou s'étend, la révolution perpétuelle des jours et des années. C'est l'anneau sans fin de l'éternel Odin.

Si la déesse Isis elle-même a quelquefois le front ceint d'un serpent, ou bien encore deux serpents suspendus à son sein, c'est apparemment parcequ'en sa qualité de déesse de la lune, de la rosée et des fleuves, elle est la mère nourricière des plantes. De là ces histoires de femmes et de serpents qui s'attachent à leur sein, histoires qui n'ont rien de commun, à notre avis, avec le souvenir du serpent séducteur de notre première mère.

Les conséquences de toutes ces symbolisations ne se firent pas attendre. De même que la personnification de la nature et de ses phénomènes nous avait donné les divinités, le reptile, de symbole qu'il était, devint une divinité lui-même et fut adoré dans le temple comme génie protecteur de la cité, dans la maison même comme génie domestique de la famille. On finit par se persuader que la mort du serpent divin entraînait la mort de ses protégés, ce qui signifiait tout simplement, dans l'origine, que la terre ne produisant plus de quoi les nourrir, ils mourraient de faim.

Protecteur de la vie, le serpent devait, à plus forte raison, protéger encore autre chose, et ce qu'il gardait était par conséquent bien gardé. En veut-on la preuve?

Lors d'une coupe de bois qui se faisait un jour sur les hauteurs de Rimbach, quand on descendait le soir de la montagne, un des bûcherons négligeait toujours d'emporter sa hache. Sur l'observation qu'on lui faisait, qu'il pourrait bien un beau matin ne plus la retrouver à sa place, il se contentait de répondre : ma hache est bien gardée! Et en effet elle ne disparaissait jamais. Un jour ses camarades, voulant enfin savoir quel pouvait être ce mystérieux gardien, retournèrent à la forêt plus tôt qu'à l'ordinaire, et qu'aperçurent-ils en arrivant? Un énorme serpent qui s'était enroulé autour de l'instrument. Ingénieuse allégorie empruntée à l'ancien symbolisme de la nature, pour nous dire, sans doute, que la hache était cachée dans l'herbe ou dans les broussailles.

XI.

Saint Michel.

Nous avons vu saint Michel prendre, sur le sommet purifié du Schimmelrain, la place d'Odin pour être désormais, avec saint Nicolas, le protecteur de la vallée après la conversion de ses habitants au culte du vrai Dieu. Voilà donc le roi des airs détrôné par le prince des esprits célestes, le dieu-soleil, vainqueur des frimas et des ténèbres, remplacé par l'archange à l'épée flamboyante, vainqueur du dragon infernal. Au sombre génie de la guerre et des tempêtes a succédé *l'auteur de la paix sereine,* et au symbolisme de la nature l'Eglise substitue un symbolisme d'un caractère plus noble, plus élevé. La balance en équilibre, emblême de l'équinoxe, placée dans la main de l'archange, nous annonce la justice éternelle de Celui qui pesera un jour toutes nos actions, les vertus et les crimes, et quand l'ange du jugement embouche la trompette, il semble déjà faire retentir à nos oreilles ce son terrible qui doit un jour réveiller les morts. Préposé à la garde du Paradis, c'est encore saint Michel qui en écarte les méchants et qui, recevant les âmes des justes à leur sortie de la vie, les introduit dans la Jérusalem céleste, cette Walhalla chrétienne dont les magnificences d'un autre ordre sont au-dessus de toute description.

A tous ces titres saint Michel devait donc être le bienvenu chez les anciens adorateurs d'Odin, puisqu'ils trouvaient le culte de l'idole, avec tout ce qui avait charmé leur imagination dans ce culte, si avantageusement remplacé. Et n'est-ce pas ce que nous voyons se répéter partout où la religion chrétienne se présente ? Elle va au-devant de toutes les aspirations, elle réalise tous les symboles et répond, tout en les épurant pour les élever plus haut encore, à tous les sentiments de la nature humaine.

Nous allons voir maintenant le culte de saint Michel, comme un souvenir transfiguré du culte d'Odin, d'abord adopté, protégé par l'autorité locale, puis répudié en quelque sorte et abandonné à son sort, mais se maintenant toujours et se perpétuant sous une autre forme, et traversant ainsi le cours des siècles. Et d'abord voici le vieux castel romain qui, avant de disparaître du sommet de la montagne, prend le nom d'Engelburg, comme si les habitants convertis avaient voulu faire une acropole chrétienne, placée sous la garde de saint Michel, de cette espèce de Walhalla que leurs ancêtres païens leur avaient léguée là. Et en effet, ce nom d'Engelberg conservé à la région supérieure de la montagne, ne peut être qu'un souvenir de l'archange protecteur de la paroisse primitive. S'il faut en croire la tradition, toutes les pierres du castel seraient entrées dans la construction de l'église de Saint-Léger, chose d'autant plus vraisemblable que le château n'a pas laissé plus de traces dans l'histoire que de débris sur le sol. Le castel descendit donc, en quelque sorte, tout entier dans la vallée, et lorsque l'église fortifiée de Saint-Léger, avec son enceinte et ses tours, et son château fort pour appui, se trouva debout, ce fut comme un nouveau castel dont saint Michel eut encore la garde du haut de son sanctuaire. Il ne s'agit plus ici de sa chapelle du Schimmelrain, descendue aussi de la montagne, mais de celle que la piété des fidèles lui avait ménagée dans la tour septentrionale de l'église, au-dessus du porche ou du *paradis*. Du haut de sa tour l'ange du jugement veillait là sur la tombe de ceux

qui dorment dans le Seigneur en attendant le signal
de la trompette.

Toujours est-il certain que la croix mutilée qui surmonte aujourd'hui la tour de Saint-Michel, est d'origine plus récente ; mais le coq perché sur cette croix a sa signification aussi : il nous annonce le jour du grand réveil. Nous présumons qu'un Saint-Michel se trouvait placé en dernier lieu sur la tourelle qui ornait l'angle de la maison au fond de la place, et c'est peut-être en souvenir de cela que cette partie de la place, aujourd'hui isolée par le bâtiment de la gendarmerie, est encore appelée *Trompeterplatz*, la place du Trompette. La maison en question est du reste une des plus anciennes et des plus caractéristiques de la ville. Elle porte l'inscription suivante :

NISI DOMINUS ÆDIFICAVERIT DOMUM,
IN VANUM LABORAVERUNT QUI ÆDIFICANT EAM.
1585.   Ps. 126.

Ainsi, quoique l'église fût dédiée à saint Léger, le protecteur et le protégé de Murbach, saint Michel n'en demeura pas moins comme le patron extérieur, le protecteur du castel, de la cité. Sous le porche de l'église se rendait anciennement la justice, et l'archange, avec sa balance et son épée, semblait y présider encore au nom de Celui qui juge les justices. Le juge ordinaire, c'est-à-dire le prévôt ou schultheis, se faisait assister ou suppléer par les échevins *(schœppen)*, qui eurent plus tard leur lieu de réunion dans le quartier voisin, en face de l'église. Ce quartier s'appelle encore aujourd'hui l'Echevinage, *die Schœppene*.

La chapelle de Saint-Michel n'existe plus, en tant que chapelle du moins. Vers la fin du quatorzième siècle, malgré la construction assez récente de la vaste église des Dominicains, où se célébrait chaque dimanche un second office, celle de Saint-Léger était devenue trop étroite. On commença d'abord, avant de doubler les bas-côtés, par agrandir la nef dans le sens de sa longueur, d'un côté en prolongeant le chœur et de l'autre en convertissant l'oratoire de Saint-Michel en tribune, par la suppression de la claire-voie, pendant qu'une nouvelle chapelle, chef-d'œuvre de hardiesse et d'élégance, se suspendait extérieurement, comme une lanterne, au contrefort septentrional de l'abside. Saint Michel, l'ange qui a lutté avec le démon pour le corps de Moïse, était devenu partout le protecteur des cimetières ; mais cette troisième chapelle, où brûlait jour et nuit la lampe des morts (1), devait disparaître à son tour, et il ne nous en reste plus que trois charmants bas-

---

(1) Il existe encore une ancienne fondation en faveur de cette œuvre de la lampe des morts, fondation qui date du seizième siècle et dont l'origine est assez curieuse.

Il y avait à Guebwiller deux frères qui faisaient ménage commun, tous deux célibataires et vivant ensemble dans l'union la plus parfaite. Pendant que l'un travaillait dehors, l'autre faisait la cuisine. Une seule chose troublait un peu cette harmonie : autant l'un des deux frères aimait le poivre, autant l'autre le détestait. Or, un jour que ce dernier était dans la vigne, le premier, dont c'était le tour de faire la cuisine, prépara pour le dîner une soupe-au-lait poivrée. Le vigneron ne fut pas plus tôt rentré, que les deux frères se prirent de querelle au sujet du poivre, et la querelle en vint au point que l'un d'eux, dans sa fureur, saisit l'autre à bras-le-corps et le jeta par la fenêtre. Le malheureux ne se releva pas, et quand son frère, touché aussitôt du plus vif repentir, accourut pour le relever, il avait expiré. En expiation de son fratricide, et comme pour servir d'avis à toute la postérité, le survivant fonda alors une rente perpétuelle pour l'entretien de la lampe des morts.

reliefs en bois, qui font aujourd'hui l'ornement de la chapelle de l'hôpital.

Si l'église de Saint-Léger fut comme une reproduction du castel de la montagne, la ville tout entière, en se fortifiant, semble avoir voulu reproduire le castel de Saint-Léger. Saint Michel eut donc à l'entrée de la ville, comme sur le porche de l'église, sa partie réservée et sa tour. Il y avait là, en effet, une sorte de citadelle que la chronique appelle l'Ile Saint-Michel, et dont la porte extérieure avec sa haute tour était la Porte de l'Ange, *die Engelporthe*. Là se trouvaient, d'un côté le château neuf avec le Tribunal, d'où le nom de *Kœnigsstuhl*, de l'autre côté le manoir des Stœr, qui fondèrent en ce même endroit, en 1298, le couvent des Dominicaines (1) de la Porte Angélique, *das Kloster zur Engelporthen*, dont saint Michel fut encore le protecteur et le patron.

Une autre tour, peu distante de la porte de l'Ange, et qui fut démolie en 1825, c'était la tour dite de *Michel l'Aveugle*, dénomination fort ancienne et que nous lui trouvons déjà dans la chronique. Nous présumons que cette tour fut ainsi désignée par opposition à celle de Saint-Michel, parce que c'était une tour fermée servant de prison. On y arrivait par une impasse qui a conservé jusqu'à ce jour cette même dénomination. Quelques personnes prétendent expliquer ce singulier nom de

---

(1) L'église de la Porte-Angélique fut démolie en 1836. Le tableau du maître-autel, représentant saint Michel, se trouve aujourd'hui à Bergholtz-Zell. Les deux autels latéraux de la chapelle du cimetière, à Guebwiller, sont du même couvent. Les tableaux de cette chapelle sont ceux de l'église des Dominicains dont parle la chronique à la date de 1709, à l'exception de celui du chœur. Ce dernier, d'un grand mérite, ornait la chapelle du prince-abbé.

Michel l'Aveugle par cette supposition qu'un nommé Michel, surnommé l'Aveugle parce qu'il était borgne, se serait un jour pendu dans la tour. Il n'y a là rien d'invraisemblable, sans doute ; mais voilà alors une autre coïncidence de noms et de circonstances, qui ne serait pas la moins curieuse : c'est que, mythe ou personnage, ce Michel borgne qui se pend, opposé à saint Michel, ressemble singulièrement encore au dieu borgne et pendu de la mythologie, à Odin.

On se rappelle involontairement ici le Jacques Bonhomme allemand, qui a nom Michel aussi. Or qui sait si le Michel allemand n'est pas né du même quiproquo ? Dans les derniers temps du paganisme en Allemagne, Odin, remplacé presque partout par saint Michel, n'était plus, pour ainsi dire, que le Michel ancien, le dieu discrédité des bonnes gens, des paysans de la campagne, des villageois *(pagani)*, par conséquent une manière de bonhomme comme ses derniers adorateurs. Mais il n'en était pas moins pour cela l'ancien dieu national, et voilà comment la nation elle-même a pu se personnifier peu à peu dans cet intéressant mythe héroïque qui s'appelle en Allemagne *der deutsche Michel*, et qui répond à notre Jacques Bonhomme, autre synonyme de Gud ou d'Odin.

Et maintenant que nous reste-t-il encore à Guebwiller de l'ange et du dieu, de la porte et de la tour ? Deux noms, deux souvenirs. Je me trompe, il nous reste encore mieux que cela. Entre les deux points du rempart où s'élevaient autrefois la porte et la tour, nous avons encore, pour nous rappeler en même temps et saint Michel et Odin, l'enseigne et la table de l'*Hôtel de l'Ange*.

CHAPITRE II.

THOR.

I.

Le dieu Thor ou Donar.

Le plus puissant des dieux germains, après Odin, c'était Thor ou Donar, le dieu du tonnerre. Thor était fils d'Odin et le prince des Ases, l'Ase par excellence, surnommé pour cette raison Asathor. Phénomène atmosphérique, l'orage n'est-il pas fils de l'air et sa plus imposante manifestation? Le dieu Donar était donc avant tout une personnification de l'orage et de la foudre. Les Romains l'ont confondu avec leur Jupiter tonnant. C'était bien, si l'on veut, une manière de Jupiter, mais un Jupiter bonhomme qui n'avait de commun avec le maître de l'Olympe que la foudre, et encore avec une certaine différence de forme et de couleur. La foudre de Thor était un lourd marteau, une sorte de massue qui brisait les rocs et qui, lancée au front des géants, revenait aussitôt se placer dans la main gantée de fer de son maître. Aussi les Romains prirent-ils assez souvent les statues de Thor pour des statues d'Hercule. Ce terrible marteau est l'ouvrage des elfs de la montagne, petits cyclopes toujours au service du dieu, toujours prêts à lui forger des foudres de rechange de toute forme et de tout calibre, haches, coins, marteaux, pierres ou boulets.

Tout ce que la foudre avait touché, se trouvait par le fait consacré à la divinité. Heureux donc le mortel qui mourait foudroyé! Il s'en allait du moins sans regrets et sans douleurs, et c'était l'essentiel pour ces gens-là comme pour beaucoup d'autres. On ne songeait guère plus loin.

Le chêne, pour lequel la foudre semble avoir une sorte de prédilection, était l'arbre sacré de Donar, *die Donnereiche*. Par cela même qu'il sanctifiait tout, le marteau du dieu servait à consacrer la propriété, en marquant la limite des champs et des territoires. De là ces bornes en forme de marteau ou de croix de saint Antoine, que l'on rencontre encore en certaines contrées. Mais la principale fonction du marteau sacré, c'était de consacrer les unions matrimoniales. Symbole de l'éclair et par suite aussi de l'orage qui féconde la terre, il devint le symbole de la fécondité même et servit à consacrer l'union des sexes, comme un signe de bénédiction. Aujourd'hui encore, pour le cas de certaines unions de ce genre trop tôt bénies, n'a-t-on pas coutume de dire parmi le peuple, que la foudre y est tombée? *Das Donnerwetter hat dreingeschlagen*. Le jeudi, jour consacré au dieu du tonnerre (Donnerstag) chez les Germains comme chez les Romains, n'a pas cessé d'être le jour préféré comme jour de noces.

Le dieu Thor, quand il n'allait pas à pied, se faisait traîner sur un char attelé de deux boucs. C'est le char du tonnerre avec son attelage de foudres. Aussi, quand un orage éclate, quand l'éclair brille et que la voix du tonnerre se met à gronder, c'est toujours notre vieux roux qui souffle dans sa barbe, ce sont ses boucs qui sautent, c'est son char qui s'ébranle, qui part et qui roule. Couleur du feu, le rouge est aussi celle du dieu Thor, et c'est en raison de sa couleur, sans doute, que le rouge-gorge lui est consacré. Gardez-vous bien de nuire à un de ces oiseaux, si vous ne voulez pas vous attirer un coup de foudre sur votre demeure, ou mettre vos vaches dans le cas de vous donner du lait rouge pour du blanc, du sang pour du lait !

Si Thor ne marchait pas l'égal d'Odin, il n'en était pas moins son compagnon de voyage. Leurs pérégrinations nous rappellent celles de Jupiter et de Mercure. Aussi leurs temples respectifs, ou les sommets consacrés à leur culte, n'étaient-ils jamais éloignés l'un de l'autre, et ainsi dans notre vallée : à côté du Heisenstein le Troberg, à côté du Judenhut le Geiskopf. Le fait de cette dernière dénomination joint à cette circonstance que le Geiskopf fut longtemps appelé St.-Pierre, serait déjà un indice suffisant pour nous mettre sur la trace de Thor. Ce nom de Geiskopf d'abord, donné au sommet de la montagne, nous rappelle l'animal consacré à Thor, sa victime choisie, et les bûcherons vous raconteront encore que l'on y voyait autrefois deux boucs énormes, tels qu'il ne s'en rencontre plus nulle part. Mais tout cela, je l'avoue, ne serait d'aucune valeur si nous n'avions pas en outre le nom de Saint-Pierre donné anciennement à cette montagne, car saint Pierre est au dieu Thor ce que saint Michel est à Odin. Au prince des Ases l'Eglise a substitué le prince des apôtres. On ne pouvait formuler plus clairement, aux yeux des néophytes, la doctrine de la primauté de Pierre. Mais où trouverons-nous ici, a côté de saint Michel, le souvenir de l'apôtre? C'est dans le nom de *Peternitt,* donné aujourd'hui à cette même montagne dont le Geiskopf proprement dit ne forme que le sommet. En effet, dans la charte de l'abbé Conrad de Stauffenberg, concédant à la ville de Guebwiller, en 1314, les forêts situées des deux côtés de la ville, on lit : « *abe uncz uff den kastelberg, und an dem andern berg von dietrichstein uff uncz an den burgweg von hugstein über an den Rintpachweg, da man sant Peter niget wider zelle.* »

Un rotule du même siècle, déterminant les limites de la banlieue de Bühl, s'exprime ainsi : *Mines Herren zwing und ban zu Buhel vahnt an zu Richerstal, da die Muorbach jn die Loüche gat, und gat die Muorbach ze berge fur sanct Gumbrechtsburne jn Pfisters ecke, zu berge uncz an sanct Peters nyge....* » (1)

Dans ces deux passages le mot Peternitt est traduit d'une manière différente. Le premier traduit : « où l'on descend du St-Pierre vers Zell » ; l'autre dit : « jusqu'au col du St-Pierre » ; mais ils s'accordent à donner le nom de St-Pierre à la montagne.

Il y a tout lieu de croire, d'après cela, qu'il existait autrefois une chapelle sur cette montagne, chapelle dédiée à saint Pierre, mais délaissée ensuite pour l'église paroissiale de Rimbach-Zell, dont saint Pierre est encore le patron. Avant la construction de l'église actuelle en 1850, il ne restait plus de l'église primitive qu'un clocher roman, contemporain peut-être du vénérable tilleul qui ombrage encore la place.

Le Geiskopf appartient à cette grande ramification qui du Ballon descend vers Guebwiller et Soultz. Son principal contrefort est le Liebenberg, qui vient aboutir au Grossfackelkopf, du pied duquel se projettent enfin le Hugstein et le Geisbühl. S'il est vrai que Liebenberg dérive de *Lübbenberg*, ce serait encore la montagne du géant, c'est-à-dire de Thor ; car le *bon Lübbe* était une

---

(1) Stoffel, Weisthümer des Elsasses.

manière d'Hercule auquel certaines contrées d'Allemagne offraient encore, il n'y a pas plus de quatre siècles, des os d'animaux. *Tardè venientibus ossa!*

Au Liebenberg fait face le Troberg *(Thorberg?)*, comme le Heisenstein fait face au Schimmelrain. Cette circonstance, assez fréquente du reste, d'une même divinité, ou plutôt d'un même culte se répétant de l'autre côté de la vallée, nous ne saurions l'expliquer autrement que par l'usage d'offrir un double sacrifice, d'un côté le matin au lever du soleil, et de l'autre côté le soir, aux derniers rayons du soleil couchant. A la divinité du jour répondait celle de la nuit, au Midi était opposé le Nord.

Le lecteur a remarqué ci-dessus le nom de Grossfackelkopf, nom qui n'a plus besoin d'explication, après ce qui a été dit des feux de saint Jean. Il nous reste du culte de Thor un souvenir du même genre dans l'usage des feux de carnaval.

II.

Le Feu du carnaval.

On sacrifiait au dieu Thor à l'entrée du printemps, saison critique des orages, et de là nous vient l'usage des feux de carnaval. Il n'est pas nécessaire de s'éloigner beaucoup de notre Geiskopf pour retrouver cet usage encore en pleine vigueur : les feux du carnaval s'allument dans toute la vallée de Rimbach. Celui de Rimbach est allumé sur le flanc même de la montagne, celui de Wuenheim au Fastnachtkœpflé, celui de Rimbach-Zell au Schlossbuckel. Voici comment la chose se passe dans ce dernier village :

Chaque année, le premier dimanche du carême, les jeunes garçons, au sortir des vêpres, se mettent à parcourir le village pour amasser du bois et de la paille. Ils s'en vont ainsi de maison en maison en criant :

> *Stengel, stengel*
> *für e goldigen engel!*
> *Farn, farn*
> *für e goldige zahn!*
> *Strau, strau*
> *für en alti frau!*

Tout cela sent encore son origine païenne : la chenevotte, qui nous rappelle la déesse Berthe qui file; la fougère, qui préserve de la foudre; les dents d'or du dieu de l'orage, et la paille enfin, souvenir de la déesse des moissons.

A mesure que les fagots arrivent sur la colline, ils s'accumulent et s'entassent autour d'une haute perche solidement fichée en terre; puis, au premier signal de la cloche du soir, pendant que tout le village a les yeux fixés sur ce point, le feu s'allume, la flamme pétille et monte, et le flambeau, comme un phare, éclaire au loin la montagne et la vallée. On dit l'angélus, pendant que les jeunes gens, chacun avec un brandon à la main, font le tour du feu en répétant :

> *Der engel des Herre,*
> *wir sprenge de Herre*
> *mit fürige schitter,*
> *wie længer wie witter.*

Ici on peut déjà voir poindre l'idée chrétienne. *Wir sprenge die Herre....* Quels peuvent être ces seigneurs? C'est Herra ou Hertha, c'est la déesse qui va faire sa tournée nocturne dans les airs, mais qui déjà n'est plus regardée que comme un génie malfaisant dont on redoute l'influence maligne sur les animaux et sur les plantes ; c'est la sorcière enfin.

Cependant les ombres de la nuit se répandent sur la vallée. Les flambeaux alors se mettent à descendre de la colline, et vous voyez comme un torrent de feu qui s'avance, et puis les feux qui se dispersent et qui parcourent la compagne en faisant le tour des propriétés, pendant que de tous côtés vous arrive ce cri, répété par l'écho :

Das woll Gott! das soll grothe!

C'est ainsi que l'on répandait autrefois sur les champs la cendre des sacrifices.

Mais peu à peu ces lumières errantes deviennent plus rares, le bruit se rapproche des habitations et l'on rentre enfin au village en chantant de porte en porte :

Jungfer, gen is küechle,
s'gfriert mi a mim füeslé,
d'schlüssel hœr i klingle,
d'pfanne hœr i krache,
d'küechle sin gebache.

Les galettes en cette circonstance comme en plusieurs autres, ont encore leur signification : elles ont remplacé, elles remplacent très-heureusement la chair des victimes.

III.

Le Dragon de feu.

Le Dieu Thor nous a laissé, comme Odin, un dragon, mais un dragon volant, un dragon de feu, digne représentant du dieu de la foudre. Le monstre habite au fond d'un antre invisible au haut du Lindloch, sommet voisin de celui du Geiskopf, dont il n'est séparé que par le col du Saint-Pierre. Ce n'était peut-être, primitivement, qu'un bois de tilleuls *(lind-loh)*, mais le mot se prêtant à l'idée, on en a fait des deux côtés de la montagne un antre de dragon *(lind, lindwurm)*. Le dragon d'eau ayant son logis, il fallait bien aussi loger quelque part le dragon de feu, et n'est-ce pas du côté du Lindloch que nous viennent les orages? De sept ans en sept ans le monstre ailé sort, s'envole et traverse la vallée en remplissant le ciel de flammes et de fumée. Ne soyez donc pas surpris de le retrouver encore de l'autre côté de la vallée, sur les hauteurs de la Dornsyle. Or vous n'êtes pas sans savoir que tout bon dragon garde un trésor. Quant au trésor de la Dornsyle, il se trouve enfermé dans une lourde caisse de fer, et cette caisse, enfoncée dans les profondeurs de la montagne, remonte tous les sept ans à la surface. On ne dit pas, il est vrai, à quelle heure du jour ni à quel jour de l'année, mais si par hasard vous survenez au bon moment, il vous sera facile de vous emparer du magot : il suffira de jeter sur la caisse un objet d'habillement, pourvu toutefois que ce ne soit pas votre chapeau, ni votre cravate, ni toute autre pièce qui ait touché la tête, sans quoi caisse et trésor disparaîtront à l'instant même. Il paraît que votre chapeau, dans le cas précité, a la vertu de celui d'Odin : il rend invisible tout ce qu'il couvre.

On se raconte dans la vallée que deux bûcherons, qui travaillaient du côté de la Dornsyle, aperçurent un jour la précieuse caisse au moment où elle se trouvait encore à fleur de terre, mais déjà en train de s'enfoncer tout doucement dans la montagne. Aussitôt ils se mettent à creuser à l'endroit où la caisse vient de disparaître. Ils rencontrent d'abord un sabre, puis redoublant d'ardeur, ils découvrent aussi la caisse. La dégager du sol et la mettre à nu, ce fut l'affaire d'un instant. S'arrêtant alors comme pour respirer un moment, ils se regardent, non sans émotion, et l'un des deux dit à l'autre à voix basse : « tu es pâle comme la Mort ! » Mais il n'eut pas plus tôt lâché ce mot que la caisse s'enfonça et disparut.

Quel dommage ! Quelle perte ! Aussi la caisse devait-elle être énorme, à en juger par le trou que l'on vous montre encore sur la montagne, et que l'on n'appelle pas autrement que le *trou carré,* en souvenir de la caisse.

Avis au lecteur : Quand vous aurez à lever un trésor, gardez toujours le plus profond silence pendant l'opération.

Ces trésors gardés tantôt par un dragon, tantôt par un simple crapaud ou par un chien noir, comme au Hugstein, ne semblent-ils pas symboliser les fruits de la terre ? Le sombre gardien ne serait donc autre que l'hiver, cette longue nuit de sept mois qui tient la végétation comme enchaînée. On prétend aussi qu'au bout de sept ans, d'autres disent neuf, le serpent devient dragon. Le serpent figurant les végétaux, voulait-on dire par là qu'au bout de sept ou de neuf mois la paille ou le bois est brûlé, retournant ainsi aux éléments, que figure le dragon ?

Le marteau de Thor s'enfonçait également dans la terre à une profondeur prodigieuse, pour ne reparaître à la surface qu'au bout de sept ans, absolument comme notre trésor. Ce sont encore les sept mois d'hiver où la foudre dort.

IV.

Le Montjoie.

A la hauteur de Guebwiller une montagne au sommet arrondi se détache du Lindloch et descend en pente douce jusqu'aux murs de la ville. C'est l'Altroth (1), dont le sommet, en nature de bois et de bruyères, est appelé Lusbühl ou Lustbühl. Les anciens seigneurs, nous disait-on, s'amusaient là-haut à jouer aux quilles. Singulière place, en vérité, pour un pareil jeu ! Mais il faut se rappeler ici que nous sommes encore à mi-côte, pour ainsi dire, de notre mont Saint-Pierre, et lorsque vous entendez là-haut un roulement de tonnerre, n'est-ce pas saint Pierre qui vient de lancer la boule ? Or il est évident que le bon apôtre, je veux dire celui de la légende, et de la légende profane, n'a pu se permettre ce passe-temps-là qu'en sa qualité de successeur du dieu du tonnerre, et vous savez qu'entre dieux on ne se gênait pas.

Ainsi donc, si ce n'est pas une faute que d'écrire Lustbühl, nous aurions ici un montjoie, comme il existe ailleurs un Lustenberg, voire même un *mons gaudii*; mais ce serait un montjoie dans le sens de *mons Jovis*, c'est-à-dire un mont de Jupiter, un mont-tonnerre, un mont de Thor enfin. « *Mit dem gœtterberg*, dit Grimm, *verband sich zugleich die idee eines wonneaufenthaltes.* »

Nous pouvons supposer encore, si l'ont veut, que nos *lustbuhl*, car il en existe de divers côtés, tirent leur dénomination de ces anciens feux de joie que l'on avait

---

(1) *Alt-rod*, ancien défrichis?

coutume d'allumer la nuit du 1ᵉʳ Mai. Le mois de Mai s'appelait autrefois *Lustmonat,* en sorte que lustbühl ne signifierait autre chose que *maibühl,* la colline aux feux de Mai.

Les fêtes commençant toujours le soir, les feux de Mai s'allumaient la veille de la Sainte-Walburge, et il faut croire pour l'honneur de ces fêtes-là que chaque sexe se réunissait séparément. On sait que cette exclusion réciproque de l'autre sexe caractérise encore aujourd'hui plus d'une fête populaire. La nuit du 1ᵉʳ Mai est réputée la grande nuit des sorcières. Ajoutez à cela, si vous voulez, cette circonstance que le Hægelé, ce mamelon si bien assis où le Moyen-Age a oublié de laisser une ruine, mamelon situé au pied du Lustbühl, est surnommé *Walburg,* nom que vous n'êtes pas nécessairement tenu de faire dériver de waldberg.

La Sainte-Walburge, ou le 1ᵉʳ Mai, se célébrait de diverses manières, selon le pays ou la contrée. Ordinairement on donnait la représentation d'une lutte entre deux personnages figurant l'hiver et l'été. L'hiver tout naturellement succombait et était ensuite enterré, comme on enterre encore quelquefois le carnaval, tandis que l'été vainqueur et couronné de fleurs était conduit en triomphe. Le lieu de cette fête pouvait fort bien être le *Lustbühl* ou le *Walburg.*

Non loin de là se trouve le chemin dit *Rittpfad,* nom qui pourrait encore se rattacher au souvenir de cette espèce de cavalcade à travers la campagne, par laquelle on célébrait l'arrivée de la belle saison, représentée par le *maigraf,* qui était le héros de la fête.

Voilà pour le Lustbühl, si Lustbühl il y a.

Quant au mot *lusbühl,* voici venir un savant qui va nous expliquer comme quoi ce mot est composé de deux synonymes : du celtique *lu-is,* signifiant monticule, et de l'allemand *bühel,* monticule encore ou colline. Mais ici l'on pourrait se demander tout d'abord : Comment a-t-il pu se faire, puisqu'il existe tant de *lusbühls,* que le même mot celtique se soit partout conservé exceptionnellement pour former avec le même mot allemand une même dénomination également exceptionnelle?.... Les étymologies celtiques sont à la mode depuis quelque temps, et il s'en produit de fort curieuses ; raison de plus d'en user avec prudence, ou tout au moins ne faut-il y recourir qu'après avoir exprimé de l'allemand, la langue de nos pères, tout ce qu'il peut donner. Ainsi le vieux mot *lussen,* qui tient de notre *lauschen,* pour dire guetter, dresser des piéges, être à l'affût, ce mot rapproché de certains usages d'autrefois, nous donnerait peut-être le sens naturel du nom de *Lusbühl.* Si après cela il s'attache encore une tradition locale au nom de Lusbühl ou de Lustbuhl, on n'aura que l'embarras du choix entre les deux orthographes.

A d'autres, plus experts, le soin de prononcer.

Au Moyen-Age les montjoies n'étaient plus que de simples monceaux de pierres, amassés de distance en distance le long des routes, pour guider la marche des guerriers ou des pélerins. En guise d'indicateur on y plantait aussi la bannière de quelque saint, ordinairement celle du patron du pays. De là, dit-on, ces anciens cris de guerre : Montjoie Saint-Denis ! Montjoie Notre-Dame ! Montjoie Saint-André ! selon la bannière sous laquelle on combattait.

Un montjoie de cette dernière espèce, vrai montjoie Notre-Dame, se voit encore au col du Bildstœcklé, formé là, sans doute, pour indiquer aux pélerins le chemin de Thierenbach. Depuis une dixaine d'années l'acrostère qui portait autrefois l'image de la Vierge placée dans une niche, se trouve remplacé par une belle croix, d'un très-bon effet au bord de ce carrefour solitaire des bois. Jusqu'à ces derniers temps, quand les enfants de la vallée traversaient la montagne pour se rendre à Thierenbach, ils se faisaient un devoir de ramasser sur le chemin quelque lourde pierre, pour la déposer pieusement sur le montjoie du Bildstœcklé. C'était pour une chapelle, nous disait-on ; et le montjoie grandissait toujours, mais la chapelle ne s'élevait pas. N'importe ! l'intention était bonne, et quant à l'usage de cette offrande de pierres, il ne laissait pas d'avoir son côté utile. Aujourd'hui même, avec toutes les pierres que l'on pourrait ramasser sur quelques-uns de nos chemins, on élèverait encore plus d'un montjoie !

V.

Le Chêne sacré.

Nos ancêtres païens avaient coutume d'offrir à Thor des pierres en forme de haches ou de marteaux, à l'intention d'obtenir du dieu, soit une habitation préservée de la foudre, soit un mariage heureux et béni, ou bien encore une abondante récolte. Emblème de l'orage qui vient ranimer la végétation, le marteau de Thor était censé, pour ce motif, comme aussi à cause de la signification attachée à sa forme, ranimer les ossements même qu'il avait touchés, et les morts l'emportaient avec eux dans le tombeau comme un symbole d'espérance et de résurrection. Nous verrons plus loin le même symbolisme s'attacher au lis, comme il s'est attaché aussi au gland *(Jovis glans),* ce fruit de l'arbre sacré du dieu du tonnerre.

Sans prétendre assigner une origine païenne à cette

coutume de porter des pierres au montjoie du Bildstœcklé, nous ne pouvons nous empêcher de faire remarquer ici une singulière coïncidence. Il y a quelques années à peine, le chemin de Guebwiller au Bildstœcklé, par la forêt de l'Ax, était bordé de grands chênes, derniers débris d'une génération depuis longtemps disparue. C'étaient les Nestors de la forêt. Ces beaux arbres se trouvaient là en exécution d'une loi ou d'une coutume très-ancienne, qui obligeait tout nouveau-marié à planter ou à faire planter un chêne au bord du chemin : coutume touchante que nous voudrions voir pratiquée spontanément non seulement pour les mariages, mais à l'occasion de chaque naissance. Comme autrefois, on aurait du plaisir à se montrer son arbre de père en fils, et souvent le dimanche, à l'issue des vêpres, la famille tout entière irait s'asseoir à l'ombre du pommier paternel ou du poirier maternel dont l'ombrage, tout parfumé de souvenirs, grandirait toujours avec elle.

Aujourd'hui, quand nos premiers dignitaires de campagne épousent l'écharpe, c'est aussi l'usage de leur planter un arbre, mais un arbre sans racines, partant improductif, image souvent trop fidèle, hélas ! de leur popularité éphémère et stérile.

Les chênes de l'Ax formaient donc, depuis le Dietrichstein jusqu'au Lusbühl, une majestueuse forêt où le porcher menait à la glandée son troupeau grouinant, lorsqu'un beau jour un autre marteau que celui de Thor vint frapper ces géants, et bientôt on les vit tomber l'un après l'autre pour s'en aller au loin servir à la construction des vaisseaux de guerre. Puissent leurs rares survivants, avec les quelques solitaires du Bruderhaus, être plus heureux ! car les vieux arbres aussi sont des monuments dignes de respect, comme ils sont parfois le plus bel ornement d'un paysage, voire même d'une commune, témoin les vieux tilleuls de Bergholtz, de Rimbach-Zell et de Bühl.

A Guebwiller, un chêne superbe ornait la place de l'ancien marché, près de l'église des Dominicains. Mieux inspiré que ceux qui depuis ont fait planter là un platane exotique, c'est encore un aubergiste qui nous a conservé dans son enseigne le souvenir du chêne de Donar, l'arbre national de nos pères.

Le nom d'Axenberg, pense le savant Grimm à propos d'une montagne de la Suisse, doit avoir une signification mythologique. Faudrait-il voir dans notre Ax ou Axwald, avec son Dietrichstein et sa Kriegshurst, la forêt du grand Ase? En comparant le mot *askr*, qui signifie homme, avec le nom Irmin ou Hermann, Grimm semble insinuer encore, et Wolf s'attache même à démontrer l'identité d'Irminius avec le dieu Thor. Les *irmensuls,* ou colonnes d'Irminius, comme celle que Charlemagne fit brûler un jour, n'auraient donc été en réalité que des troncs de chênes érigés en l'honneur de Thor, et Thor étant le dieu Terme des Germains, ces colonnes devaient surtout se dresser sur la limite des territoires. Remplacé par une pierre sur la limite de notre Axwald, le chêne de Thor serait ainsi devenu là le Dietrichstein des vieilles chartes; car si Théodoric-le-Grand, comme guerrier, a dû quelquefois prêter son nom au mythe d'Odin, il le prête encore plus souvent à celui du dieu Thor, au grand mythe héroïque célébré par les romanciers sous le nom de Wolfdietrich.

La limite opposée de la vallée, au col du Behnlesgrab (1), du côté du val Saint-Grégoire, est marquée par

---

(1) Du nom d'un charbonnier qui, tombé dans le brasier de ses charbons, y trouva son tombeau.

la Dornsyle, nom qui pourrait bien être le synonyme (Donarsul) de celui de Dietrichstein, bien qu'il soit encore susceptible d'une autre interprétation. De l'idée de propriété gardée que l'on attachait à ces colonnes, aura découlé la fable de tous ces trésors cachés sous les pierres bornes, comme celui que l'on dit caché sous l'Engelstein de la Dornsyle.

Ce même souvenir d'un tronc d'arbre *(rumpf)*, ou d'un chêne foudroyé, semble percer encore dans le nom de Hohenrupf. Il est à remarquer toujours que le Hohenrupf, dont la haute cîme aujourd'hui découronnée de son fier castel dominait les deux vallées de Lautenbach et de Murbach, portait autrefois trois chapelles bâties sur le flanc de la montagne. Du côté de Lautenbach c'était, dit-on, une chapelle de saint Jean, patron de la paroisse, comme saint Michel était celui de la collégiale, comme saint Pierre, au pied de la même montagne, est celui de Lautenbach-Zell. Du côté de Murbach on peut encore voir, sur un point avancé de la montagne, les ruines de la chapelle de Saint-Corneille, et un peu plus loin, à la même hauteur, la chapelle restaurée de Notre-Dame-de-Lorette, imitation de la célèbre *Santa Casa*. L'église paroissiale de Murbach était dédiée à saint Sixte.

Saint Corneille est spécialement invoqué ici pour la guérison des hernies. Sa fête n'a pas cessé d'attirer chaque année, le 16 Septembre, un grand concours de pèlerins. Elle se célèbre dans l'église paroissiale actuelle, reste magnifique de l'ancienne abbatiale.

VI.

Le Guerrier dormant.

C'est donc au haut de l'Ax, sur le plateau de la Kriegshurst, que l'on verra paraître, leur général en tête, les combattants de la dernière lutte, lorsque le grand réveil aura sonné pour eux. On en fait aujourd'hui des Suédois, à peu près comme les gens de Jungholtz ont fait du guerrier dormant un chevalier de Schauenbourg, armé de pied en cap et assis, la tête appuyée sur les deux coudes, à une table ronde toute couverte de parchemins. Pour les habitants du mundat, les guerriers dormants sont couchés au Bollenberg. Ces guerriers, nous dit-on, ne sont autres que les quatorze comtes de Strasbourg, ayant sans doute à leur tête quelque vaillant Gérodseck. Sur l'Ochsenfeld, c'est l'empereur Barberousse qui dort sous le Bibelstein.

Tout cela s'explique. Les noms changent et se succèdent, le mythe reste, et de tous les grands noms de l'histoire c'est presque toujours le dernier qui efface les autres, à moins que l'un d'eux, par suite de circonstances locales, ne se soit gravé plus profondément dans la mémoire du peuple. Au dieu primitif a succédé le demi-dieu, puis quelque grand roi, illustre guerrier, lequel s'appellera successivement Théodoric, Charlemagne, Barberousse, Charles-Quint, Napoléon. Et voilà comment nos guerriers de la Kriegshurst sont devenus enfin des Suédois; mais le Dietrichstein, qui se trouvait là ainsi désigné bien avant qu'il ne fût question des Suédois en Alsace, nous dit assez clairement quels sont ces guerriers, quel est ce général : c'est encore Dietrich qui dort là sous le rocher, entouré de ses preux, et la main toujours sur la garde de son épée, attendant sans doute aussi, pour se lever, que le Turc vienne abreuver ses chevaux sur les bords du Rhin. De cent ans en cent ans il se réveille, se met sur son séant, regarde du côté du Rhin, puis après avoir fait le tour du rocher pour dégager sa longue barbe, il se recouche et s'endort.

Voilà le guerrier dormant, tel qu'on nous le dépeint ordinairement. La romance du héros Dïetrich est assez intéressante pour que nous la donnions ici en résumé.

Au château de Salneck vivait une jeune princesse nommée Hildegonde. C'était la perle des princesses de son temps. Cependant le père, comme jaloux de so trésor, tenait sa fille enfermée dans une haute tour presque inaccessible. Pauvre princesse! A quoi te serviront tant de grâces, si elles restent ignorées des princes de la terre? Mais voilà que le récit de son infortune arrive aux oreilles d'un jeune héros, et Hugdietrich, — c'est ainsi qu'il se nomme, — se dit à part soi : je la délivrerai! Il s'élance sur son palefroi, part, et grâce à un ingénieux déguisement, il réussit à s'introduire d'abord dans le château, puis du château dans la tour. Hildegonde touchée lui donne son cœur et sa main. Pouvait-elle rester insensible à tant d'héroïsme? Mais une année ne s'est pas écoulée, qu'elle voit ses propres jours en danger. Son union avec Hugdietrich étant ignorée du père, comment se soustraire à sa colère, s'il vient à découvrir qu'il a été trompé, joué?

Par une nuit sombre, pendant que tout dormait au château, à l'exception de la seule princesse, une louve, qui rôdait aux alentours, est attirée vers le fossé d'enceinte par les vagissements d'un petit enfant. Elle découvre l'enfant, l'emporte dans la forêt auprès de ses louveteaux, l'allaite et le nourrit, jusqu'à ce qu'un jour Hugdietrich, chassant dans la forêt, vient à passer près de là, aperçoit et reconnait son enfant à l'inspection du collier que la mère, en l'exposant, a suspendu à son cou. Il le nomme Wolfdietrich, l'emporte et le rend à sa mère, car depuis longtemps leur union est reconnue et la tour a rendu sa captive. Mais hélas! le pauvre enfant n'a rien gagné à quitter la société des loups pour celle des hommes, et ces hommes pourtant sont ses frères, ses propres frères. Plus il grandit, plus il se voit en butte à leur mépris, à leur haine, à leurs mauvais traitements. Ses frères le repoussent, ils refusent de le reconnaître pour leur frère, et son père lui-même, cédant à leurs obsessions, finit par se tourner contre lui.

Un jour que la mauvaise humeur de Hugdietrich était à son comble, ayant mandé son fidèle écuyer : « il faut absolument, lui dit-il, nous débarrasser du *loup*; prends-le, conduis-le dans quelque lieu écarté de la forêt, et là…. Il n'acheva point. Le vieux serviteur n'avait que trop bien compris! Pour toute réponse il essuya une grosse larme, et ayant pris son épée il partit, tenant l'enfant par la main. Le jeune *loup* sautait de joie de pouvoir aller à la forêt. Arrivé à l'endroit le plus solitaire, après s'être mainte fois arrêté pour exécuter l'ordre de son maître, le bon vieillard se sentait chaque fois ému à la vue de cet enfant qui s'amusait à jouer avec l'épée fatale; il ne savait plus à quoi se résoudre, quand la rencontre d'un charbonnier vint le tirer de sa perplexité. On n'eut pas de peine à s'entendre; le charbonnier emmena l'enfant dans sa cabane et le donna à élever à sa femme qui venait de perdre le sien.

Cependant Wolfdietrich grandissait à vue d'œil; il était d'une force prodigieuse pour son âge, et bientôt il ne se passa plus un jour qu'il ne se signalât par quelque tour de force. Il avait à peine ses neuf ans, que déjà personne n'osait plus se mesurer avec lui. Comme il travaillait un jour dans une forge, d'un seul coup de son marteau il brisa l'enclume à la faire voler en éclats. Son apprentissage était donc fini, son éducation faite. Il sortit alors et s'en alla par le monde à la recherche des aventures, marquant par un exploit chaque pas de sa course, abattant les géants et terrassant les monstres. Mais qu'est-ce que la force du corps sans la force de l'âme? Or, la vertu de Wolfdietrich n'a pas encore été mise à l'épreuve. Voici l'heure du grand combat : la tentation est là qui attend au passage notre jeune héros.

Un soir, c'était une belle soirée d'été, Dietrich était nonchalamment couché près d'un feu, sur un tendre et frais gazon, dans une clairière charmante, la plus solitaire de la forêt, lorsqu'une fée se présenta à lui et l'invita à la suivre dans sa demeure. Cette demeure n'était rien moins qu'un palais merveilleux, séjour de délices au sein d'une montagne enchantée. Douze grâces d'une éternelle jeunesse se mettent au service du jeune héros, rivalisant de prévenances à son égard. C'est à qui d'entre elles lui prodiguera les soins les plus doux, les attentions les plus délicates. Une d'elles surtout, la plus gracieuse de toutes, déploie tous ses charmes pour s'insinuer dans le cœur de Dietrich. Mais c'est en vain, rien ne le touche, rien ne l'émeut. Toujours insensible il résiste à tout. Et cependant que lui manque-t-il encore pour mettre le comble à sa félicité? Aux repas, il voit les mets les plus exquis sortir de la table comme par un secret enchantement, et un nectar délicieux se verser de lui-même dans la coupe d'or. N'importe! il résiste, il persiste.

C'est alors seulement que la rude Els, sortant de son

bain de jouvence, se découvre au héros comme la reine de la montagne et la belle des belles. Son nom est Sigeminne, l'amour vaincu. En même temps elle lui fait présent d'un vêtement neuf, tissu de la main des nornes, et qui a la vertu de préserver son jeune corps de toute blessure.

Rien ne résiste à celui qui sait se vaincre lui-même. Dietrich, après cette épreuve, ne craint pas d'aller s'attaquer au dragon de la montagne voisine, car c'est à cette dernière victoire qu'est réservée la plus belle couronne. Il arrive donc sous le tilleul où il voit déjà le monstre qui l'attend, écumant de rage, à l'entrée de son antre. Une lutte horrible s'engage, et déjà le dragon, enserrant le héros dans une irrésistible étreinte, l'a englouti tout vivant, lorsque Dietrich, s'ouvrant un passage à coups d'épée, reparaît, de la tête aux pieds tout inondé de sang, un seul endroit excepté où s'était collée une feuille d'arbre tombée du tilleul au moment de la lutte. Ce bain de sang n'a fait que rendre son corps plus invulnérable encore, en même temps que quelques gouttes avalées du sang du dragon lui ont communiqué l'intelligence de la langue des oiseaux. Pour dernier prix de sa victoire enfin, il obtient la main de Sidrata, la plus belle et la plus noble des princesses, avec son palais, son royaume et ses trésors.

Or un soir, dans un de ces doux épanchements de cœur où se plaisaient nos deux fortunés époux, Sidrata voulut aussi savoir de Dietrich le secret de son invulnérabilité, et son époux le lui confia, en ajoutant toutefois qu'il pouvait être blessé à l'endroit de son corps où la feuille de tilleul avait laissé une marque en forme de cœur. La princesse eut soin de marquer par une croix le même endroit sur le vêtement du héros;

puis elle recommanda à Hagen le borgne, son écuyer, de veiller à ce qu'aucun coup ne lui fût porté du côté de la croix de marque. Mais voilà que le méchant Hagen, ce perfide, trahit le secret à l'ennemi, se laisse séduire par lui, et un jour qu'il est à accompagner son maître à la chasse, au moment où celui-ci se baisse pour boire à une source, il le vise à la marque et le perce de sa lance.

C'était écrit! Le destin voulait que Wolfdietrich lui-même descendît au noir séjour des ombres. Au dernier jour cependant il reparaîtra, et alors sera livré le grand combat, la bataille décisive. En attendant Dietrich est là dans la montagne, dormant son sommeil et n'attendant que le cri du coq pour se lever avec ses braves.

Que s'il vous arrivait donc, cher lecteur, d'entendre une fois, en passant sur la montagne de l'Ax à une heure de la nuit, comme un cliquetis d'armes sur le plateau de la Kriegshurst, et un bruit de chevaux et de combattants, n'en doutez plus, vous êtes à la veille d'une grande guerre. Dietrich et ses compagnons sont là à s'exercer au combat. —

Est-il besoin maintenant d'insister sur le symbolisme que renferme cette poétique romance? C'est toujours ce même symbolisme qui, prenant son point de départ dans le spectacle des grands phénomènes de la nature, a produit le mythe que nous avons vu empruntant, pour s'y personnifier, les plus grands noms de l'histoire; symbolisme à la fois historique et prophétique, et qui a trouvé sa réalisation aussi touchante que sublime dans la grande épopée de la Rédemption.

La légende de Wolfdietrich ou du guerrier dormant se trouve localisée en plusieurs contrées, mais il y a cela de particulier pour Guebwiller, que chacun de ses épisodes nous est rappelé ici par un nom de lieu. Ce n'est là que l'effet du hasard, assurément, mais n'est-ce pas un hasard assez singulier au moins, que le chemin partant du château de Hugstein nous conduise successivement au Liebenberg, au Lustbühl, au Lindloch, à la Kriegshurst et au Dietrichstein?

Au reste, il n'y a pas que les guerriers qui dorment. La légende populaire à ses dormeurs de plus d'une espèce. Sans parler des trois frères dormants (1) de notre chronique des Dominicains, n'avons-nous pas à Guebwiller même le conseil dormant des *six* dans la *maison des esprits?* Il est vrai, depuis que cette maison a servi au logement de la gendarmerie, elle n'est plus guère connue sous son ancien nom, et qui ne sait, d'ailleurs, que les gendarmes se mêlent aussi parfois d'arrêter les esprits? Or, dans cette maison on vous montrait autrefois une chambre sombre et vide, à la porte et aux volets toujours fermés. Là, vous disait-on, sont assis autour d'une table les *six (die sechser)*, c'est-à-dire les membres du conseil des six, les yeux ouverts, le regard fixe et des cartes en main, comme s'ils jouaient, mais tous immobiles et muets, vêtus en arlequins, avec un chapeau pointu sur la tête. Seulement, pour les voir, il fallait être né le dimanche. Tout autre n'y voyait que du noir. Et qu'ont-ils donc fait, ces malheureux Thésées, pour se voir ainsi cloués là jusqu'à la fin des siècles? Il faut croire que c'étaient de ces conseillers comme on en voyait autrefois, n'ayant souci que de leurs propres intérêts, dilapidant les revenus de la commune au profit d'un intérêt privé, et passant

---

(1) L'ermitage indiqué par la chronique se trouvait au vallon du Storenloch, et la tuilerie à l'entrée du vallon, en face du pont en-deça de Murbach.

les séances à jouer ou à dormir les yeux ouverts, c'est-à-dire à ne rien entendre et à ne rien voir. Il est vrai qu'ils n'étaient que six. Aussi bien désormais on ne verra plus de conseil dormant!

En ce temps-là vivait aussi, dit-on, un brave bourguemestre tout-à-fait digne de présider un si digne conseil. Autant l'un était prompt à dormir, autant l'autre était lent à s'éveiller. Mais le président, après sa mort, ne fut pas condamné comme son conseil à une éternelle immobilité. C'était au contraire chaque nuit, dans sa demeure, un remue-ménage épouvantable, jusqu'à ce qu'enfin, pour avoir du repos, on se décida à faire venir de Soultz deux capucins qui conjurèrent l'esprit et le conduisirent sans mot dire, enfermé dans un cercle, au sommet du Hohenrupf. Là du moins, s'il ne se tient pas tranquille lui-même, il ne troublera plus le repos de la ville.

Laissez passer la justice du peuple!

VII.

Le Joueur de violon.

Les forêts de la Dornsyle laissent entrevoir çà et là, dans les anfractuosités de la montagne, une riante clairière, séjour favori des merles, des papillons et des fleurs. C'est ainsi que nous trouvons là le Lerchenfeld, la Jægermatt, la Kapellmatt, la Probsteymatt, le Silberrain, dénominations qui toutes ont un sens assez clair. Une autre de ces clairières est appelée *Geigerpetermatt,* la clairière ou la prairie de Pierre le joueur de violon, lequel n'était autre, probablement, qu'un nommé Pierre

Geiger. N'importe! Ce nom ayant sa place sur la Dornsyle comme dans la légende, il mérite à ce double titre que nous nous y arrêtions, d'autant plus que nous pouvons le faire ici sans sortir de notre sujet.

En parlant du chasseur de la Dornsyle, nous avons entendu Huperi réveillant les échos de la Jægermatt. C'était Odin, le dieu du vent se survivant sous les traits d'un chasseur. Quand Odin, au lieu de chasser sur les hauteurs, règne en ondin sur les eaux paisibles d'un lac ou dans les roseaux d'un fleuve, son instrument est ordinairement une harpe, une harpe éolienne dans le vrai sens du mot, ou bien encore un violon aux sons duquel demeure suspendu, comme pétrifié, quiconque a le bonheur ou le malheur de prêter l'oreille. N'avez-vous jamais remarqué, sur la marge enluminée d'un manuscrit gothique, ce petit violiniste couronné qui joue son air en se balançant dans la corolle d'un nénuphar? C'est Obéron, le roi des elfs, notre Odin en miniature.

A Odin voyageant en compagnie de Thor, la légende a substitué Notre Seigneur accompagné de saint Pierre. Mais pourquoi, dans la plupart de ces contes, cette sorte de malice dans le divin maître et cette bonhomie dans le disciple? C'était le caractère respectif des deux divinités païennes. Odin était le dieu des nobles, partant un noble, un seigneur lui-même vis-à-vis de son compagnon Thor, le dieu de la plèbe et des bonnes gens, et les poètes ne se firent pas faute de les faire parler et agir en conséquence. Ce double rôle de malin et de dupe a passé ensuite dans le conte populaire, car ici encore le peuple n'a fait, pour ainsi dire, que changer les noms. Or, tel est précisément le caractère des deux personnages du conte suivant, que la montagne, à défaut de tradition, nous rappelle à la mémoire par le nom même de sa clairière, comme elle nous a rappelé déjà le souvenir de Thor et d'Odin.

Un jour que le Seigneur voyageait avec saint Pierre, ils arrivèrent près d'une auberge où les charpentiers étaient en train de célébrer leur fête. C'était la Saint-Joseph. D'assez loin déjà on pouvait s'assurer aisément, au bruit qu'ils faisaient, qu'il y avait beaucoup de gaîté parmi les convives. Quelle aubaine! se disait Pierre en souriant et en se frottant les mains, et à mesure qu'ils approchaient, son cœur battait de joie. Cependant le Seigneur, comme s'il n'eût rien vu ni entendu, n'y faisait pas même attention, et ils allaient tranquillement passer outre si le disciple, tirant son maître par la manche, ne l'eût arrêté pour lui dire : « Mais, bon maître, ne désirez-vous pas vous reposer un instant? Il fait si chaud! » Le Seigneur répondit froidement qu'il ne trouvait pas séant de figurer en si bruyante compagnie, mais que si lui, Pierre, tenait absolument à entrer, il ne s'y opposait pas, et qu'il l'attendrait là-bas sous le chêne. Pierre, qui ne demandait pas mieux que d'entrer seul, ne se le fit pas dire deux fois, et le divin maître eut à peine le temps de lui attacher sur le dos, sans qu'il s'en aperçût, un violon. Franchir les degrés qui le séparaient de la porte, ce fut pour Pierre l'affaire de trois pas. Lorsqu'il parut à l'entrée de la salle avec son violon sur le dos, ce fut une acclamation générale dans la joyeuse assemblée, et aussitôt tous les charpentiers de l'entourer, de lui serrer la main et de l'inviter enfin à jouer. Figurez-vous maintenant l'embarras, la confusion de notre pauvre Pierre avec ce maudit instrument dont il ne savait pas seulement tirer convenablement un son! Aussi voyez, après une entrée si joyeuse et si triomphale, quelle retraite, quelle sortie! Sifflé, moqué, hué, il dut s'estimer heureux de pouvoir s'esquiver au plus vite. Il s'en revint donc tout colère auprès de son maître, en se plaignant amérement de la manière dont il avait été traité. Pour le calmer, il ne fallut rien moins que l'assurance, de la part du Seigneur, que tous les charpentiers seraient punis, et de manière à s'en souvenir. Le Seigneur lui promit en conséquence qu'il durcirait tellement les nœuds qui se trouvent dans le bois, qu'ils seraient à jamais l'ennui de tous les charpentiers du monde. «A la bonne heure!» fit Pierre en se déridant enfin, non sans jeter en arrière un regard de maligne satisfaction. Et ils continuèrent leur chemin.

Quoique remplacé par le dragon de feu, le Vieux Roux n'a pas tout-à-fait quitté sa montagne. Seulement des hauteurs de la Dornsyle il s'est retiré dans une grotte du Ruhfelsen, au haut de la Schmelzruntz. Là il s'amuse encore quelquefois à lancer des pierres sur les personnes qui approchent de sa retraite, comme cela peut arriver par distraction aux pauvres gens qui vont par là ramasser du bois mort. Mais rassurez-vous, car on vous assure que ces pierres, d'une nature particulière, ne font aucun mal. Ce ne sont plus que de faibles débris du marteau de Thor. Les enfants néanmoins se gardent bien d'approcher de la grotte mystérieuse, depuis qu'ils se sont entendu raconter comme quoi elle s'est refermée un jour sur une jeune fille qui avait eu l'imprudence d'y entrer, et qui ne fût relâchée par l'esprit qu'après trois longs jours de détention. Encore si c'eût été à Noël! car on prétend qu'alors une ravissante symphonie se fait entendre dans la grotte, symphonie produite, selon toute apparence, par le cor de Huperi et le violon de Geigerpeter.

VIII.

Le Diable au Hugstein.

Quand on parle du loup on en voit la queue, dit le proverbe. De même on ne saurait parler de Thor, sans voir aussitôt percer quelque part le bout d'une corne; car Thor ou diable, c'est tout un, absolument comme pour Odin, depuis que le peuple devenu chrétien s'en tient à cette parole de l'Ecriture : « les dieux des gentils sont des démons. » Seulement, tandis qu'Odin, dans nos contes, se trahit ordinairement par son plumet ou par ses pieds de cheval, Thor a une jolie paire de pieds de bouc, deux petites cornes, et le reste à l'avenant. S'agit-il donc de chercher une âme, il ne se présentera pas, comme l'autre, en costume de chasseur, mais plutôt sous la figure d'un forgeron, et il aura nom maître Pierre ou Martel, en souvenir de son marteau. Il voyagera de préférence à pied, rarement en voiture, jamais à cheval, et il se dira volontiers physicien ou alchimiste, et à ce titre il aura tous les éléments à son service, y compris la foudre et le tonnerre, ne fussent-ils contenus que dans une fiole. C'est ce que nous voyons, par exemple, dans le conte suivant, qui est emprunté à l'ouvrage de M. Aug. Stœber, *Sagen des Elsasses* :

« Les anciens châtelains du Hugstein étaient à une certaine époque des chevaliers pillards qui menaient une vie de rapine et de débauche, et qui s'étaient vendus corps et âme au démon. L'heure approchant où le malin devait les chercher, celui-ci, déguisé en marchand, entra dans la vallée avec une riche cargaison de marchandises. A peine fut-il arrivé dans le voisinage du Hugstein, que les pillards tombèrent sur lui, s'emparèrent du cheval et de la voiture, et jetèrent le soi-disant marchand dans le plus sombre cachot du château.

« Vers le soir un domestique vint s'assurer de l'état du prisonnier et lui apporter sa ration de pain et d'eau, avec un peu de paille pour sa couche. Tout cela ne devait pas trop sourire au diable, et il dit au domestique : « Ah ça ! mon cher, dis donc à tes maîtres que je ne suis pas habitué à si maigre pitance ; qu'ensuite il me faut aussi de la société et que, s'ils veulent bien me le permettre, j'irai volontiers, après le souper, leur faire passer le temps par quelques tours de ma façon.

« Les chevaliers, curieux de faire sa connaissance et ne demandant pas mieux que de rire, y accédèrent de grand cœur, et le prisonnier sut en effet les égayer par toutes sortes de tours, jusqu'au moment où l'horloge du château sonna minuit. Alors il tira de sa poche une toute petite fiole bleue qu'il posa sur la table, et au même instant la table vola en éclats avec un fracas épouvantable, la voûte de la salle s'effondra et tout le château fut ébranlé. Mais déjà le diable avait saisi les chevaliers et les avait emportés à travers les airs.

« Le lendemain, lorsque le soleil se leva sur le Hugstein, il n'éclaira plus qu'une affreuse ruine. »

Avec la défroque de tant d'idoles, le diable devait avoir plus d'une manière de se déguiser. Cependant la garde-robe de Thor est celle qu'il semble préférer entre toutes, et son déguisement favori est la peau de bouc. Le bouc, cet habitué des hauts lieux, n'était-il pas l'animal de Thor par excellence, celui qui, par ses sauts capricieux et par son odeur de soufre, figurait le mieux un attelage de foudres ? S'il faut en croire nos bûcherons, il n'aurait pas cessé d'être attelé au char du tonnerre. Ainsi, lorsque vous entendez, sur les hauteurs du Geiskopf, un bouc invisible mouéter autour de vous, n'y eût-il pas un nuage au ciel, fuyez! car un orage va éclater sur votre tête.

Les bûcherons vous raconteront encore, si vous ne riez pas, qu'ils avaient construit un jour, avec des troncs d'arbres, des branches et de l'écorce, une de ces fortes huttes comme ils savent en faire. Mais voilà qu'un jour un bouc énorme vint tout-à-coup, au milieu d'un bruit épouvantable, traverser la hutte en renversant tout sur son passage. Il fallut bon gré mal gré déloger de cet endroit et aller reconstruire la hutte ailleurs. C'est vous dire d'une manière figurée que la hutte fut renversée par un orage.

Le diable du Hugstein, qui se plait à jouer au grand seigneur et qui, pour sa promenade du soir, ne descend de la montagne que dans un carosse de feu, ce même diable sait au besoin se faire petit pour mieux prendre son monde, qui est surtout du grand monde. Ainsi, qui ne connait le cerf-volant, ce beau scarabée noir armé de cornes aussi grandes que lui, et qui a fait élection de domicile dans le sanctuaire même de la divinité, dans le tronc du chêne? Gardez-vous bien de violer sur lui le droit d'asile, si vous ne voulez pas qu'il porte le feu sur votre propre toit! C'est absolument comme pour les rouges-gorges, et ce n'est pas sans raison, apparemment, que le cerf-volant a été surnommé *feuerschrœter* et *donnerkæfer*. Or, c'est précisément sous la figure de ce beau scarabée noir que le diable est allé chercher un jour le beau sire du Hugstein.

Voici comment les gens de la vallée vous racontent cette histoire :

En ce temps-là résidait au château du Hugstein un

seigneur nommé Barnabas. C'était un despote, un tyran, un *zwingherr* dans toute la force du terme, tel qu'on l'entend aujourd'hui ; car autrefois ce mot désignait tout simplement le seigneur justicier du district. *Mines Herren zwing und bann,* disent les rotules.

Barnabas avait plus d'un méfait à se reprocher, et il ne se souciait pas de réparer ses injustices. Mais toute chose ici-bas a son terme. Un jour donc que le seigneur du Hugstein avait de nombreux convives à sa table, au moment où tout le monde était à la gaîté, Barnabas se leva de sa place et sortit. On n'y fit d'abord pas attention. Cependant comme il tardait toujours à rentrer, chaque convive commença à se demander, puis à demander à son voisin quelle pouvait être la cause de cette absence si prolongée, et personne ne savait que penser, que répondre. On s'adresse aux gens de la maison, ils n'en savent pas davantage ; on s'informe de nouveau, on finit par s'inquiéter ; on envoie ici, on envoie là, et l'on se met enfin à chercher par tout le château. Point de seigneur nulle part. Reste encore une pièce qu'on a jugé inutile de visiter, et qui d'ailleurs est toujours fermée. On frappe à la porte, on écoute : silence de mort. Alors on se décide à forcer l'appartement. La porte ébranlée, heurtée, cède enfin et s'ouvre, et au moment même où l'on entre, on voit un énorme chat noir qui d'un bond s'élance vers la fenêtre et disparaît. Et le seigneur ? Le voilà, assis dans un fauteuil, immobile, muet, le visage détourné, le cou tordu !

Qu'on se figure la terreur, la consternation des serviteurs, de la famille, des hôtes, de toutes les personnes présentes au château, à cette affreuse nouvelle partout répandue en un clin-d'œil : mort ! mort étranglé par un chat !! par un chat noir !!! On eût dit qu'un coup de foudre venait de tomber sur le Hugstein.

Le lendemain, lorsque le moment fut venu de procéder à l'enterrement, on chargea le cercueil sur un char funèbre attelé de quatre chevaux vigoureux, et le convoi se dirigea lentement du côté de Murbach. On n'avait pas fait la moitié du chemin que déjà les chevaux suaient, soufflaient, n'en pouvaient plus; puis lorsqu'on fut arrivé, après mainte halte, jusqu'au pont, ils s'arrêtèrent tout court; leurs forces étaient épuisées. Et cependant tout le monde avait pu voir, avant le départ, et le cercueil encore ouvert et le mort que l'on y déposait. Que pouvait-il donc renfermer de si lourd? On prit le parti de le rouvrir. O surprise! ô terreur! Plus de seigneur, plus de mort, mais à sa place un grand scarabée noir qui, aussitôt le cercueil ouvert, déploya ses ailes et s'envola en bourdonnant.

Le diable ne s'était pas contenté de l'âme, il avait aussi cherché le corps.

Autrefois une croix se trouvait érigée là à côté du pont. Cette croix n'existe plus depuis longtemps, et personne ne peut vous dire ni quand ni comment elle a disparu; mais le nom de l'endroit est toujours là pour en rappeler le souvenir, car pour désigner cet endroit on n'a pas cessé de dire : près de la croix de Barnabas, *beim Barnabaskreuz.*

La chronique des Dominicains nous donne le même récit avec quelques variantes; mais son Barnabas à elle, c'est Barthélemy d'Andlau, mort au Hugstein en 1477. Barthélemy, qui fut du reste un des plus illustres parmi les abbés de Murbach, s'était emparé de Guebwiller par surprise, après que la ville lui eût fermé ses portes et refusé de lui prêter hommage. Une fois maître de la place, usant du droit de conquête, il avait traité les franchises et libertés communales de la manière dont les seigneurs de ce temps, grands et petits, avaient coutume de les traiter, c'est-à-dire qu'il les avait confisquées. Ce n'était pas un titre à la popularité, et la preuve, c'est que Barthélemy se rendit tellement odieux par là, que le peuple, jouant sur son nom pour faire allusion à un autre, le surnomma Barnabas.

Barthélemy mourut de mort subite, comme beaucoup d'autres mortels. Néanmoins c'était chose plus rare à cette époque-là. Il n'en fallut pas davantage pour fournir le prétexte de l'apothéose qui fait le sujet de notre légende. Que voulez-vous ? le peuple a aussi son jugement des morts et ses oraisons funèbres.

Et nunc, reges, intelligite!....

IX.

Saint Christophe.

Saint Pierre, en sa qualité d'apôtre et de chef des apôtres, ne pouvait accepter la succession légendaire de Thor que sous bénéfice d'inventaire. Il y avait trop de pièces embarrassantes dans la défroque du dieu païen. Le caractère tout historique de l'apôtre ne permettait pas, d'ailleurs, d'altérer ses traits au point de donner le change, en laissant se confondre les deux visages. Nous avons bien quelques essais de ce genre dans la littérature allemande, quelques historiettes comme celle de Pierre le Violiniste, racontée plus haut; mais ce ne furent jamais là que des contes pour rire, de ces récits populaires qui n'ont rien de commun avec la légende proprement dite. Que devinrent alors les souvenirs du dieu du tonnerre, ces images si chères au peuple : sa taille gigantesque, sa force prodigieuse, son visage terrible, sa barbe rousse et ses exploits d'Hercule ? car toutes ces choses-là, le bon apôtre n'avait qu'en faire. Mais voilà qu'il se présenta un jour un autre saint, venant de loin et peu connu, le front déjà ceint de l'auréole de la légende et s'appelant Christophorus, le Porte-Christ ! Que de choses dans ce seul nom de Christophe ! Le symbolisme aidant, c'était plus qu'il n'en fallait pour faire du nouveau saint un géant, une espèce de Thor chrétien qui ne pouvait manquer de reproduire quelques traits de celui dont on avait l'image encore présente à la mémoire. Il se forma ainsi un Christophe de légende, bien différent de celui de l'histoire. On lui soumit, comme autrefois au dieu de l'orage, la foudre et la grêle, et on l'invoqua contre toute espèce de mort subite et imprévue. Après tout on en avait bien le droit. C'est ainsi que chaque matin, avant de sortir de l'église, on se recommandait à saint Christophe pour les accidents de la journée, et afin que nul n'en pût ignorer ni passer à côté du saint sans l'apercevoir, les artistes imaginèrent de lui prêter une taille à la portée de tous les yeux, et on eut soin de le placer près de la porte de l'église. C'était en même temps le moyen le plus sûr de faire oublier l'idole, que d'en prêter les traits à un autre visage, où ils se transfiguraient aussitôt en s'entourant du nimbe lumineux de la sainteté ; car les choses les plus communes, dès que la religion les a touchées de sa main divine, se transforment en se spiritualisant. Il y avait en effet un profond symbolisme dans ce culte de saint Christophe, si populaire au Moyen-Age. Le chrétien qui venait de s'unir à Jésus-Christ par la communion, n'était-il pas un autre Porte-Christ, et fort de cette union, ne pouvait-il pas s'écrier lui aussi avec l'apôtre : «je puis tout en celui qui me fortifie !« Et ce géant de la foi n'avait-il pas, en réalité, une assurance contre la mort dans cette promesse divine : «Je suis le pain vivant descendu du ciel; celui qui mange de ce pain ne mourra point!»

Nous avons vu le culte de saint Pierre, au Péternitt, descendre de l'autre côté de la montagne et se fixer dans la vallée de Rimbach. Rien ne semble indiquer, d'autre part, que saint Pierre ait été honoré à Guebwiller d'une manière spéciale. Si saint Nicolas, si saint Michel lui-même, ces deux successeurs d'Odin, ont dû céder le pas à saint Léger, il ne pouvait en être autrement de celui qui n'était que le successeur du dieu des bonnes gens. On peut croire aussi que les premiers saints se ressentaient un peu de ce voisinage des dieux, et que leur culte, tel qu'il devait être pratiqué par le peuple, était encore entaché de certaines réminiscences que l'Eglise, obligée de les tolérer, ne pouvait ni approuver ni autoriser. Il n'en était pas de même du culte de saint Léger, d'origine plus récente et par conséquent plus pur de mélange. Vinrent enfin les Dominicains qui se fixèrent à Guebwiller vers la fin du treizième siècle (1294), et qui ne tardèrent pas à ouvrir au peuple une nouvelle église, plus spacieuse que celle de Saint-Léger.

Or, à cette époque du Moyen-Age, l'héritage poétique du dieu Thor, répudié par saint Pierre, était depuis longtemps échu à saint Christophe, que nous voyons occuper le premier rang dans la vénération des fidèles, parmi tous les saints spécialement honorés chez les Dominicains de Guebwiller. Saint Christophe se trouve représenté jusqu'à deux fois dans leur église, et sur une cloche de la tour, fondue en 1629, c'est encore lui qui tient le haut bout parmi les sept noms énumérés par la chronique. La même chronique nous rapporte encore, à la date de 1508, l'histoire d'une femme de Guebwiller miraculeusement préservée sous les décombres d'une maison qui s'était écroulée sur sa tête. Elle avait invoqué saint Christophe.

Ainsi, pendant que saint Michel sortait de l'ancienne église, saint Christophe prenait doublement possession de la nouvelle.

Rappelons-nous enfin, avant de quitter Thor, que c'est devant l'église des Dominicains, à côté de la fontaine du Vieux-Marché, que s'élevait le chêne sacré du dieu du tonnerre.

CHAPITRE III.

BALDER.

I.

Le dieu Balder ou Phol.

Odin, le dieu de la nature et le maître des dieux, de même qu'il a confié à Thor le gouvernement de la foudre, se fait représenter par un autre de ses ministres au département de la lumière. C'est Balder ou Phol, le dieu-soleil par excellence, l'Apollon de la mythologie du Nord. Mais Balder paraît surtout représenter le beau soleil du printemps; c'est le dieu brillant de la saison des fleurs. Son doux regard réchauffe la terre, son gracieux sourire fait épanouir la verdure, et son blanc coursier, comme celui d'Odin, n'a qu'à frapper du pied pour faire jaillir de la terre les sources qui la fertilisent. Balder semble donner la main à son frère Freyr ou Fro, avec cette différence que celui-ci présidait plutôt à la génération qu'à la germination, et représentait ainsi la fécondité animale.

Balder était donc le plus beau des Ases, il était l'amour de la terre et la joie du ciel. Si dans la Germanie méridionale, occupée par les Romains, il était plus souvent appelé Phol ou Pol, c'était sans doute à cause de sa ressemblance avec Apollon. N'était-il pas l'Apollon des Germains ?

Ce qu'il y a de plus intéressant dans la vie de Balder, c'est le récit de sa mort. Ecoutons cette histoire.

Un jour Frigga, la mère de Balder, s'était entendu raconter un songe effrayant qui la fit trembler pour son fils. Dans sa sollicitude allarmée elle s'en alla par toute la création conjurer l'un après l'autre tous les êtres, les animaux, les plantes et les minéraux, de ne point attenter à la vie de son cher Balder, et toutes les créatures auxquelles la déesse s'adressa, animaux, plantes et minéraux, le lui promirent par serment. De quoi l'amour maternel n'est-il pas capable! Aussi quelle ne fut pas la joie des dieux lorsque Frigga, leur reine, revint au ciel avec cette annonce triomphante! Sa victoire fut célébrée aussitôt par un festin magnifique. A l'issue du banquet un des Ases proposa, par forme de divertissement, de mettre à l'épreuve l'invulnérabilité de Balder. Cette proposition fut accueillie par une longue salve d'applaudissements dont Balder avait été le premier à donner le signal, et lui-même aussitôt de se lever et d'aller se placer en évidence, en regard de toute l'assemblée. Alors chacun se mit à lancer contre lui, l'un après l'autre, tout ce qu'il trouva sous la main. Vains efforts! Ni Uller avec ses flèches, ni Freyr avec son épée, ni Thor même avec son redoutable marteau ne parviennent seulement à effleurer le bout d'un cheveu. Balder lui-même a beau les encourager et du geste et de la voix, en leur criant ironiquement de viser plus juste et de lancer plus fort; il voit tous leurs projectiles s'envoler haut et loin par-dessus sa tête. C'est que tous ces projectiles sont ou de bois, ou de pierre, ou de métal, et tout cela n'a-t-il pas fait serment à Frigga? Toute la force réunie du plus fort des dieux ne saurait donc faire que Balder reçoive seulement une égratignure. Aussi quels éclats de rire dans toute la haute assemblée, lorsqu'après tous ces géants on vit venir aussi, s'avançant à tâtons, Hoder, l'aveugle, un rameau de gui vert à la main et s'apprêtant, sur les indications données, à lancer sa plante dans la direction de Balder ! C'est encore le malin Loki qui lui a glissé dans la main ce singulier projectile, et voilà qu'il le lance enfin de toute la force de son bras. Mais, ô surprise ! à l'instant même Balder atteint au front pâlit, chancelle et tombe ! Glacés de terreur, les dieux, à cet aspect, restent tous immobiles et muets. Enfin on s'empresse autour de Balder, on le relève, on essaie de tous les moyens pour le rappeler à lui. Soins inutiles, efforts superflus ! Rien ne peut plus lui faire rouvrir ses beaux yeux. Balder est mort, Balder n'est plus !

Pauvre Frigga ! pauvre mère ! Et pourtant elle avait conjuré toutes les créatures, et pas une n'avait osé refuser, toutes avaient promis et juré. Oui, mais en s'adressant au chêne elle avait négligé le gui, ce petit parasite vert qui commençait à pousser là, à peine visible, sur une branche de l'arbre. Le gui n'avait donc rien promis, et Loki, le méchant Loki, le savait !

En vain Frigga, en vain Odin lui-même essaya-t-il d'arracher l'âme de Balder à la noire déesse des morts; la sombre Héla ne rend plus sa proie. Il ne restait donc plus qu'à lui faire de dignes funérailles. Le corps de Balder fut placé sur un vaisseau et brûlé avec celui de sa femme Nanna, morte après lui de chagrin et de douleur.

Quel sens mystérieux chercherons-nous au fond de toute cette poésie ? Balder, avons-nous dit, c'est Odin personnifiant le soleil. L'histoire de sa mort ne saurait donc être qu'une variante de la fable d'Odin blessé, figurant le déclin de l'astre. C'est l'astre du jour vainqueur des saisons et des mois, mais succombant enfin sous les coups de l'hiver, saison où règne Hoder, le dieu aveugle, avec le gui à la main, symbole d'immortalité, parce que cette plante, toujours verte, survit au soleil de l'année.

Qui ne se rappelle ici la feuille d'arbre de la légende héroïque ? Les deux mythes ont, comme on voit, la même origine. C'est ainsi que nous avons vu Wolfdietrich, le fils de la princesse captive, d'abord allaité par la louve de l'hiver, s'armer ensuite, comme forgeron, du marteau de Thor, entrer dans la saison des orages et sans se laisser arrêter par les charmes du printemps et de l'été, arriver à la montagne du dragon, c'est-à-dire au solstice, où la chute d'une feuille devient la cause première de sa mort ; puis descendre enfin chez la reine de la nuit, dans le froid séjour des ombres.

Cependant, à la fin du monde, après que la terre se sera enfoncée dans l'océan, que la flamme de l'embrasement universel se sera élevée jusqu'aux nues et que le crépuscule des dieux aura étendu son voile sur les débris du monde écroulé, quand tout cela se sera accompli, alors un nouveau jour se lèvera sur le monde, une nouvelle terre sortira des eaux, et l'on verra briller au ciel un autre soleil, plus radieux et plus beau. Plus de méchants alors, et partant plus de crimes, plus de malheurs. Alors Balder reparaîtra avec les fils d'Odin, ils reprendront possession d'Asgard, leur jardin de délices, et la face renouvelée de la terre se peuplera d'une race immortelle.

Les feux de solstice peuvent être regardés comme

un souvenir de Balder aussi bien que d'Odin, et saint Jean a pu ainsi remplacer au même titre l'un et l'autre dieu. A Balder néanmoins, comme dieu de la floraison, on substituera plus souvent saint George, un saint du printemps, guerrier aussi avec son cheval blanc et vainqueur du dragon dans un autre sens. Ailleurs, et ne fût-ce que pour varier, on choisira saint Etienne ou saint Sébastien, soit à cause de la coïncidence de leurs fêtes avec l'époque du solstice d'hiver, soit à cause de la ressemblance de leur mort avec celle de Balder.

Balder est certainement un des plus beaux caractères de la mythologie, et devant ce mythe si pur on serait tenté de se demander si, pendant les longs siècles que l'Eglise a dû mettre à conquérir les peuples du Nord à l'Evangile, leurs traditions ne se sont pas laissé pénétrer de quelques rayons de christianisme. Cette mère si tendre et ce fils si digne de sa tendresse, cet arbre de la mort, ce banquet des douze, cette méchanceté de Loki, ce fratricide aveugle, ce dieu mourant et ressuscitant, cette fin du monde enfin et ce monde nouveau, tout cela, évidemment, a été lu dans un autre livre que dans celui de la nature. Il y a là plus que du symbolisme, et la légende a été bien inspirée qui a substitué au rameau de gui la feuille de tilleul à forme de cœur, et qui nous montre ce même cœur percé par la lance à l'endroit de la croix.

Le mythe de Balder peut être considéré non moins comme une fiction morale. C'est l'âge d'or de l'innocence, c'est l'innocent, c'est le juste qui succombe ici-bas sous les coups du méchant, ennemi de tout bien et persécuteur de toute vertu; mais la justice aussi aura son jour et sa victoire, et ce sera le grand jour de l'éternité.

I.

Le Bollenberg.

Si nous sortons de la vallée de Guebwiller par le chemin de Bergholtz, nous trouvons de ce côté-là, à l'entrée de la plaine, le Bollenberg, montagne bien connue pour être le lieu de rendez-vous des sorcières de la contrée. C'est le Blocksberg de la Haute-Alsace. Le nom s'écrivait autrefois Polenberg. Ce nom même et celui de sainte Apolla, à qui l'ancienne chapelle du Bollenberg était dédiée, ont fait supposer à quelques savants que la montagne était consacrée à Apollon. On aurait pu ajouter que le coq d'Apollon figure encore dans l'écusson de Soultzmatt, et pour les troupeaux d'Admète, rien n'empêchait de les envoyer paître au Schæfferthal. Mais on ne songeait pas alors à Phol, le dieu national, et nous ne le connaissions pas davantage. Or, pourquoi recourir aux souvenirs de la Grèce, en présence des données de la mythologie allemande? Le culte d'Apollon aurait certainement laissé moins de traces dans le pays; car on sait que les Romains, loin d'imposer leurs dieux aux peuples conquis, ouvraient volontiers leur Panthéon aux divinités étrangères; et ensuite, outre le nom de Bollenberg et les traditions qui s'y rapportent nous croyons voir encore un souvenir de Balder dans le choix de saint Sébastien pour patron de Soultzmatt, de saint Etienne pour patron d'Osenbach et de saint George, remplacé depuis par sainte Odile, pour patron de Wintzfelden. La vallée de Soultzmatt était autrefois appelée vallée de Saint-George.

En sa qualité de dieu-soleil, Balder était aussi par excellence le dieu des sources, et c'est en cela surtout qu'il remplace Odin. Que si maintenant on veut bien chercher un peu du regard, on verra d'abord, du côté de la Croix du Loup (1), près de Bergholtz, le *Hungerbrunnen*, fontaine qui rend des oracles en nous annonçant, par son plus ou moins d'eau, les années d'abondance ou de disette; du côté de Guebwiller, le *Belsbrunnen*, la fontaine de Bel ou de Balder, laquelle nous rappelle le Balbronn ou le Baldeburn du Bas-Rhin, à moins que ce ne fût autrefois la fontaine du peuplier ; du côté de Westhalten enfin le *Jettenbrunnen*, source prophétique aussi et dont le nom même a sa signification mythologique. Bientôt nous visiterons celle du Schæfferthal, plus célèbre encore dans la contrée, et celle de Saint-Gangolf, la plus célèbre de toutes. Mais à toutes ces eaux plus ou moins merveilleuses le lecteur préfèrera, sans doute, celles qui jaillissent au pied du Heidenberg, je veux parler des eaux minérales, balsamiques et autres de Soultzmatt. Quant aux poètes, ils iront toujours puiser l'inspiration dans l'Hippocrène du

---

(1) Grosse croix taillée d'un seul bloc et sur laquelle se trouve représenté un loup, en mémoire d'un évènement qui nous a été rapporté ainsi :

C'était en hiver, à la tombée de la nuit. Un homme de Bergholtz, arrivé près du canal (ancien canal creusé par Vauban pour le transport des pierres de Guebwiller à Neuf-Brisach), avait pris le chemin de traverse pour éviter la neige que le vent avait amoncelée en cet endroit. Tout-à-coup il se vit assailli par un loup; mais au moment où la bête lui sautait à la gorge, il la saisit lui-même et la serrant et l'étreignant de toute la force de ses bras, il parvint à l'étouffer. Cependant, comme il craignait toujours de lâcher son adversaire, le froid ou la terreur finit par glacer le sang dans ses propres veines, et le lendemain on les trouva morts tous les deux, encore couchés l'un sur l'autre dans leur mutuelle étreinte.

Sonnenkœpflé, cet Hélicon moderne de la vallée de Saint-George. Il n'est pas jusqu'à Pégase enfin qui n'ait laissé à cette heureuse vallée un souvenir, et un souvenir des plus précieux, dans la colline dite l'*Ane-d'Or*.

Au reste, pour qui veut bien se donner la peine de décomposer le nom d'Orschwihr, avec un peu de bonne volonté il retrouvera le cheval sans s'éloigner du Bollenberg. *Ors* ou *hors*, en effet, est un vieux synonyme de *ross*, et ainsi, sans remonter jusqu'aux Celtes, on pourrait prétendre qu'Orschwihr signifie Rosswihr, à peu près comme le *Horselberg* allemand, également fameux par ses sorcières, signifie Rossberg.

C'est de la crinière blanche du cheval de Balder que dégoutte la rosée du matin.

La montagne qui fait face au Bollenberg du côté d'Orschwihr, le Liebenberg, nous rappelle une fois de plus le souvenir des géants, si toutefois nous avons donné le vrai sens de ce nom en parlant du Liebenberg de Guebwiller. Autrefois le peuple, qui ne pouvait se rendre compte du phénomène des blocs erratiques, les appelait *lübbensteine*, pierres des géants. On avait bien remarqué qu'elles n'étaient pas à leur place première, qu'elles venaient de plus loin, de fort loin souvent, et l'on s'imaginait alors qu'elles avaient été lancées par une puissance surnaturelle. Aurait-on cru voir quelque chose de semblable dans ces blocs de grès qui jonchent le terrain calcaire du Bollenberg, comme si une main de géant les eût lancés là par-dessus le vallon? Nous avons vu que le génie du Ruhfelsen se plait encore à ce jeu, et en plus d'un endroit, comme au Schauenberg, le diable aussi s'en mêle. C'est pourquoi diable et géants ont toujours été considérés comme de puissants constructeurs. Les Titans n'ont-ils pas entassé montagnes sur montagnes, c'est-à-dire nuages sur nuages, pour escalader le ciel? Apollon lui-même, quand il se joint à Neptune, quand le soleil s'unit à l'eau, vous construira une cité en l'air. Ces géants-là n'ont pas cessé d'agir, les forces de la nature ne sont pas toutes rentrées dans le repos; car aujourd'hui même, quand les glaces flottantes des mers du Nord se détachent du rivage à l'époque du dégel, quantité de rochers sont arrachés avec elles et transportés au loin. Mais autrefois, lorsque les plaines de notre continent étaient encore sous eau, c'était un phénomène plus général, témoin les blocs innombrables qui, détachés des monts scandinaves, jonchent le sol de l'Allemagne septentrionale et de la Russie. Le Jura même a le flanc couvert de blocs du côté des Alpes, d'où il les a reçus. De même aussi, tout le long de notre chaîne des Vosges, alors que la vallée du Rhin ne présentait encore qu'un lac immense environné de bancs de grès, leurs falaises devaient être ébrèchées à chaque débâcle par les glaçons qui s'en détachaient. De là ces blocs sans nombre que nous rencontrons aujourd'hui, particulièrement dans les lieux incultes, en aval de toutes nos montagnes de grès. Souvent aussi ce ne sont que les débris d'une falaise écroulée, qui ont pu glisser peu-à-peu jusqu'en bas, à mesure que le pied de la montagne était déchaussé par le courant.

Ces derniers blocs, comme ceux que la glace a entraînés plus loin, n'ont rien de commun d'ailleurs avec les débris qui composent les moraines au fond de nos vallées. Ces moraines, en effet, sont l'œuvre d'anciens glaciers en tout semblables à ceux de la Suisse, et qui, dans leur progression lente mais irrésistible, entraînaient tout, rochers et terre, pour venir se fondre dans la vallée en y amoncelant leur butin en forme de digues.

On rencontre encore une troisième sorte de blocs isolés, mais point erratiques : ce sont les restes de quelque dépôt, les débris d'un banc de grès qui, disloqué par le soulèvement de son sous-sol et n'opposant pas assez de résistance à l'action continue des eaux ou de l'air, a disparu en ne laissant sur place, comme un cadavre, que les parties les plus dures de sa charpente osseuse.

Les blocs du Bollenberg doivent donc être rangés dans la première espèce, et le Kastelberg, avec ses pentes abruptes et ses hautes falaises, nous indique clairement où nos blocs ont dû s'embarquer, en même temps que ces plateaux qui se correspondent si bien à l'entrée du Florival, nous montrent encore, par la gradation de leurs niveaux comme par la nature de leur composition, les lents soulèvements qu'a éprouvés depuis cette époque le sol de la contrée.

Après cela, que les blocs en question aient servi au culte druidique, comme on l'a prétendu encore, il est assurément permis de le supposer; mais à moins d'autres preuves que celles qui résultent du seul fait de leur présence sur le calcaire jurassique, ce ne peut être qu'une supposition gratuite, d'autant plus que l'on ne remarque aucun ordre, aucune symétrie dans leur disposition; et quant aux traditions populaires qui se rapportent au Bollenberg, nous venons de voir, et nous le verrons encore plus loin, qu'il n'est pas nécessaire, pour en découvrir la source, de remonter au-delà de nos origines germaniques.

III.

Le Schæfferthal et Saint-Gangolf.

C'est le soleil qui, en fondant la glace, fait jaillir les sources au printemps et qui les tarit en été, de même qu'il fait naître et qu'il dessèche les plantes. On peut en dire autant des sources du ciel : c'est encore sous les rayons du soleil que les nuages se fondent en pluie ou se dissipent. Et voilà pourquoi Balder est, au même titre et plus spécialement qu'Odin, ce dieu qui tantôt fait jaillir une source sous le pied de son cheval, et tantôt abreuve toute une armée en frappant la terre d'un coup de sa lance. Bien des légendes se sont inspirées de ce mythe, comme celle de Charlemagne, entre autres. En voici une qui a tout l'air d'appartenir à la même famille, mais dont le héros est d'un caractère plus pacifique, car il ne s'agit que d'un pauvre berger. Apollon, d'ailleurs, ne fut-il pas berger aussi?

En descendant du Bollenberg du côté d'Orschwihr pour rentrer dans les montagnes, on se trouve bientôt à l'entrée d'un vallon, près d'une vieille tour sans nom, dernier reste d'un manoir détruit. Le vallon ne présente qu'une gorge étroite et partout boisée, à l'exception d'une clairière cultivée qui s'ouvre au fond, avec une chapelle au centre, surmontée d'un petit clocher. C'est le Schæfferthal. Voici ce que la légende raconte sur l'origine de cette chapelle, qui est un lieu de pèlerinage en grande vénération dans la contrée :

C'était par une brûlante journée d'été. Un berger gardait ses brebis dans le vallon solitaire. La besogne devenait rude, car à tout instant le troupeau se débandait, et le chien lui-même, haletant, furetant, changeant de place à tout moment, ne savait plus où se coucher pour trouver un peu de fraîcheur. Exténué de fatigue, mourant de soif et se traînant à peine, le berger était arrivé enfin près de la source où déjà le chien l'attendait, l'appelait, et semblait l'interroger de son regard suppliant. Elle était tarie! Dans cette extrémité, n'ayant plus de secours à attendre que du ciel, il tombe à genoux, et appuyé sur sa houlette il s'adresse à Dieu. Il invoque aussi Marie, mère de Jésus, et la supplie de se joindre à lui, d'intercéder pour lui auprès de son divin fils. Celle qui par un mot de sa bouche a obtenu du Seigneur le miracle de l'eau changée en vin, ne lui obtiendra-t-elle pas un peu d'eau, pour lui et pour son troupeau qui se meurt? Tout en suppliant ainsi, il sent renaître sa confiance; quelque chose lui dit que sa prière est exaucée, et il se relève. O prodige! Comme il retire à lui sa houlette qui s'est légèrement enfoncée sous le poids de son corps, il voit sourdre à ses pieds de l'eau, une eau claire, fraîche et abondante, qui ne cesse plus de couler. Et tous aussitôt de se désaltérer, et le berger de rendre grâce à Dieu avec des larmes de joie et de reconnaissance.

Le bruit de ce miracle ne tarda pas à se répandre. Bientôt on vit une modeste chapelle s'élever près de la source, et la confiance des fidèles se voyant sans cesse récompensée par de nouvelles grâces, le sanctuaire devint un lieu de pélerinage pour les habitants du pays. Consacrée au Dieu Tout-Puissant et à Jésus le Bon Pasteur, puis successivement agrandie, la chapelle fut consacrée de nouveau le 15 Juillet 1511, sous le vocable de Notre-Dame du Schæfferthal.

Des deux sentiers qui se croisent au Schæfferthal, l'un conduit de Soultzmatt à Guebwiller par le plateau du Pfingstberg et du Kastelberg; l'autre, celui qui nous a amenés d'Orschwihr, va aboutir à la route de Soultzmatt à Lautenbach. Nous gagnons cette route, et après avoir traversé une belle forêt qui n'empêche pas le regard de plonger sur le riant bassin de Wintzfelden, nous rentrons dans le Florival.

Au pied de la Dornsyle, entre cette haute montagne et le plateau boisé du Schimberg, un humble sanctuaire cherche à se cacher à nos yeux derrière un rideau de feuillage. C'est la chapelle de Saint-Gangolf. Le petit temple rustique, parfaitement orienté, formait anciennement une croix grecque, mais le transsept méridional a disparu et la porte primitive est murée. Sous le sol de la chapelle, au fond d'un long souterrain voûté, jaillit une source qui va alimenter la fontaine voisine, décorée de la statue du saint guerrier Gangolf, en costume de chevalier.

Saint-Gangolf est un lieu de pélerinage célèbre dans la contrée, on s'y rend souvent de très-loin, et le 11 Mai, fête du saint, c'est un beau spectacle que la vue de cette immense procession qui vient de la vallée, avec ses prières, ses chants et ses bannières flottantes, grossir la foule des pélerins. La place est encombrée, car la chapelle est beaucoup trop étroite pour contenir toute cette foule. Le sermon est toujours prêché en plein air, et l'orateur traite ordinairement des vertus conjugales ou de la sainteté du serment. C'est que notre saint fut bien malheureux sous ce double rapport, car celle qui lui avait juré amour et fidélité, non seulement se montra infidèle et parjure, mais alla jusqu'à le faire assassiner!

Ces pélerinages, ces processions dans les campagnes, ces chapelles dans les bois et sur les collines, et ce chant des cloches dans les vallons, toute cette poésie extérieure de la religion aura toujours, pour les âmes sensibles, un charme indéfinissable, parce que c'est le culte de la nature sanctifiée par l'Eglise. Et d'où nous vient cet attrait pour tout ce qui tient de la nature, si ce n'est de Dieu même, auteur de la nature aussi bien que du monde spirituel, dont elle est le miroir et le symbole, et à laquelle nous appartenons nous-même par toute une moitié de notre être ? Aussi voyons-nous ce culte de la nature survivre chez ceux mêmes qui n'en ont plus d'autre, pour peu qu'ils aient encore une âme sensible, un esprit cultivé, et que les préjugés d'une fausse éducation n'aient pas étouffé en eux tout sentiment noble. Mais alors quelle différence néanmoins, entre cette nature vide et morte et celle que Dieu anime, où tout chante sa gloire, où tout parle à notre cœur !

Le jour du pèlerinage il se tient à Saint-Gangolf une sorte de petite foire derrière la chapelle, et à côté des objets de piété et autres que l'on y voit étalés, on remarque surtout une quantité incroyable de coucous et de chouettes, espèce de sifflets en terre cuite qu'on amène par charretées. Vous en voyez entassés là des monceaux ; mais bientôt coucous et chouettes, tout aura disparu, comme s'ils s'étaient envolés. Ils vont faire la joie, pendant quelques jours du moins, de tous les enfants de la contrée ; car quiconque revient de la fête de Saint-Gangolf, doit, en bon pèlerin, rapporter au moins un coucou et une chouette. Après cela, tant pis pour lui s'il n'est pas amateur de musique de chambre !

Il y a du Jupiter et de l'Apollon, de l'Odin et du Balder dans les souvenirs de Saint-Gangolf, et rien de plus naturel. Ne sommes-nous pas, en ce moment, entre le Florival et le val de Saint-George ? Et d'abord voici le coucou qui nous annonce, ou pour mieux dire, qui nous dénonce le printemps. Dans la mythologie, lorsque Jupiter s'introduit auprès de Junon, c'est sous la figure d'un coucou. Pourquoi le coucou? C'est le soleil printannier, c'est le printemps venant féconder la terre. Messager du printemps, le coucou, en cette qualité d'abord, et puis sans doute aussi un peu en raison de ses mœurs et coutumes, était parfaitement bien choisi pour représenter en cette circonstance le trop galant maître des dieux. Ayant pu cacher un dieu, il peut bien aussi nous cacher le diable, comme par exemple lorsque, dans un mouvement d'impatience, nous envoyons les gens *au coucou;* ce qui n'empêche pas, si vous voulez bien lui faire l'honneur de consulter ses oracles, que le coucou ne vous dise la bonne aventure. On est allé même jusqu'à en faire un garçon boulanger, mais un boulanger devin (1), le tout en souvenir d'Odin, grand amateur de fleur de farine. Ne riez pas, cher lecteur, car vous devez savoir que toute farine qui s'envolait emportée par le vent, était la nourriture d'Odin, tout comme le bouquet de vin était sa boisson? Il fallait une nourriture légère à un dieu d'une nature si subtile.

Et la chouette? Elle ne figure ici, sans doute, cette coureuse de nuit, que pour compléter le naïf symbolisme. C'est la nuit à côté du jour, c'est la lune à côté du soleil. Oiseau de Minerve, la chouette symbolisait ensuite assez bien cette sagesse païenne qui se plait, et pour cause, à appeler jour la nuit et qui en plein soleil de midi ne voit goutte.

---

(1) *Kukuk, kukuk, beckeknecht,*
sag mirrecht,
wie viel johr noch lebi echt?

Chouette et coucou avaient donc leur signification, comme on voit, et saint Gangolf a eu raison de ne pas chasser de sa fontaine les deux oiseaux. S'ils ne lui prédisaient pas l'avenir, il lui rappelaient le passé.

Au dire de la légende, saint Gangolf nous aurait apporté sa source dans son bâton de voyage. Il avait rencontré cette source dans un pré au bord du chemin, et comme le propriétaire se trouvait là, il lui proposa d'acheter son eau. Celui-ci, tout en riant de cette offre, accepta aussitôt, mais à la condition que l'acheteur emporterait la source. Le saint alors y enfonça son bâton qui en absorba tout le contenu d'eau, et il partit.

D'après une variante, le saint guerrier aurait emporté la source dans son casque, afin d'avoir toujours de l'eau fraîche à la disposition de ses compagnons d'armes.

Plus d'un lecteur sera peut-être tenté de voir ici quelque chose comme une réminiscence de l'histoire de Moïse. Le symbolisme n'exclut pas l'histoire, mais s'il lui emprunte quelquefois, c'est plutôt des noms que des images.

Le soleil était assez souvent figuré par un loup, on ne voit pas trop pourquoi, si ce n'est peut-être parce que le regard du loup, comme un rayon de lumière, perce les ténèbres, ou plutôt parce que le soleil a grandi, comme Wolfdietrich, chez la louve de l'hiver. Le loup était donc le compagnon d'Odin et de Balder, et pour cette raison même sa rencontre le matin, ou bien quand on s'en allait en guerre, était un signe de bon augure, car n'était-ce pas marcher à la victoire, ainsi guidé comme on l'était par le dieu de la victoire ?

De même que les peuples nomades se disaient guidés par un taureau, les peuples chasseurs par un sanglier ou par un cerf, ainsi les peuples guerriers prétendaient marcher sur les traces d'un loup. C'est au fond toujours la même idée : le guide réel, c'était le soleil; c'est lui qui a amené tous ces peuples du fond de l'Orient. Or, le nom de Gangwolf ou de Wolfgang exprimant parfaitement cette idée d'une marche victorieuse, ce ne pouvait être qu'un nom glorieux, synonyme de héros, de vainqueur, de conquérant.

En ce temps-là, notez la recette, il vous suffisait d'une morsure de loup pour être à l'abri de tout sortilège, et par ce seul fait de boire à une source, le loup communiquait à l'eau une vertu salutaire, toujours en souvenir d'Odin ou de Balder, dieux médecins l'un et l'autre. Rien ne guérit en effet comme le soleil, qui nous donne la chaleur et fait croître les simples. Toute source sacrée était donc une source salutaire, et réciproquement. C'est aussi le sens que l'on attachait alors à ces noms de Hirtzenbrunnen, Rossbrunnen *(Hippocrène),* Wolfsbrunnen, dont on a fait ensuite nos fontaines de Saint-Michel, de Saint-Jean, de Saint-George ou de Saint-Gangolf.

Un jour que saint Gangolf venait de reprocher vivement à sa femme ses infidélités, comme celle-ci n'en persistait pas moins à protester de son innocence, il demanda à Dieu de confondre une bonne fois cette malheureuse pécheresse. Aussitôt il eut comme une inspiration divine, et il dit à sa femme : « si tu es innocente, eh bien! plonge ta main dans cette eau! » et il lui montrait le bassin de la fontaine. La femme, sans hésiter, y plongea sa main droite, et voilà qu'elle retira une main affreuse, horrible, noire comme du jais!

Ceci a tout l'air d'un souvenir des ordalies, de ces anciens jugements de Dieu où il fallait, entre autres épreuves, que l'accusé retirât un caillou du fond d'une chaudière d'eau bouillante. Notre chapelle de Saint-Gangolf aurait-elle aussi servi à cet usage autrefois si répandu ?

On pourrait supposer encore qu'elle servait primitivement de baptistère, surtout si l'on considère qu'elle se trouve dans le voisinage du *Pfingstberg,* et que la Saint-Gangolf coïncide avec le temps de la Pentecôte, où avait lieu la cérémonie du baptême. Quoi qu'il en soit, le peuple attribue à l'eau de la fontaine de Saint-Gangolf des propriétés merveilleuses ; d'anciens auteurs parlent même de ce lieu de pèlerinage comme d'un établissement de bains *(Sanct-Gangolfsbad),* et il faut avouer qu'un établissement de ce genre y eût été parfaitement bien situé.

IV.

Le Cheval tripède.

Odin, Thor et Balder, tels étaient les trois grands dieux de la Germanie, ce que nous pourrions appeler la trinité du Nord ; ce qui n'empêche pas que l'un ou l'autre ne soit remplacé quelquefois par quelque proche parent, comme Balder par Freyr, ou Thor par Heimdaller, dieu de l'orage aussi, puisqu'il est armé de dents de feu et qu'il sonne de la trompe, comme gardien du pont céleste de l'arc-en-ciel. Au reste, il en est de la mythologie allemande ou scandinave comme de toutes les autres : peu de figures y sont bien dessinées, peu de caractères bien définis, bien tranchés.

Nous venons de suivre comme à la trace le passage

des trois divinités dans notre contrée, où chacune occupait précisément la place respective qui lui avait été assignée dans l'ordre hiérarchique : Odin au centre, Thor à la droite et Balder à sa gauche. C'est encore la position respective de leurs successeurs : saint Michel à Guebwiller, saint Pierre dans la vallée de Rimbach et saint George dans la vallée de Soultzmatt.

Il nous reste encore à recueillir quelques souvenirs de Balder.

Nous avons nommé spécialement trois saints comme ayant recueilli la succession légendaire de Balder : saint George, saint Etienne et saint Sébastien.

Saint George est représenté comme un guerrier à cheval, transperçant de sa lance un monstre, un dragon. On connait le sens de ce symbolisme à la fois naturel et mystique, mythologique et chrétien. Mais saint George n'est pas seulement le patron des guerriers comme saint Michel, saint Martin, saint Maurice ou saint Gangolf; il est invoqué aussi en certaines contrées comme protecteur des bergers et des troupeaux, ce qui nous ramène au Schæfferthal, pour ne pas dire à Apollon.

Saint Etienne, saint du solstice d'hiver, lapidé comme Balder, ce proto-martyr de la mythologie, se trouve être invoqué, en certaines contrées du moins, comme protecteur des chevaux. Ne serait-ce pas encore un souvenir de Balder? Le cheval de Balder, nous dit la fable, eut un jour une mémarchure dont Odin seul put le guérir. Ce pied luxé parait être une figure de la saison d'hiver; c'est le quatrième pied faisant défaut au soleil dans sa course annuelle. Chez les peuples surtout où l'on ne comptait que trois saisons, on ne pouvait donner quatre pieds au cheval du soleil. Pythie, la prêtresse d'Apollon, rendait ses oracles sur un trépied, et c'est encore un trépied qui servit de monture à Apollon pour traverser la mer. Voilà bien notre cheval bouleté de Balder.

Quand après une inondation la peste achève de dépeupler la terre ravagée par les eaux, le fléau devient ce serpent, ce dragon qu'Apollon tue à coups de flèches. C'est l'humidité que le soleil dessèche en y dardant ses rayons. Mais ces mêmes flèches avec lesquelles Apollon tua les cyclopes qui avaient forgé la foudre, ces mêmes rayons qui dissipent les nuages amoncelés et qui mettent fin aux orages, ce sont les traits d'Apollon courroucé, la fièvre, la peste, la mortalité sous toutes ses formes. Comprenez-vous maintenant pourquoi l'on nous montre la Peste chevauchant par le monde sur un cheval blanc tripède? C'est le *Heljæger* de la ballade à la tête de cette fantastique chasse aux morts où meute et gibier n'ont que trois pieds comme le cheval; c'est la Hel à cheval, *die Pestjungfrau,* cette pâle amazone de la mort, au corps fluet et si subtil, qu'il vous apparait comme une flamme bleuâtre dans un léger brouillard chassé par le vent. Aussi le seul moyen, pour se préserver de la peste ou pour arrêter ses ravages, c'est de la prendre, si l'on est assez adroit, et de l'enfermer entre d'épaisses murailles, ou mieux encore, de l'emmurer. Ainsi fit-on à Guebwiller, dans la rue de la Peste, où le fléau avait déjà dépeuplé toutes les maisons, lorsqu'on parvint enfin à s'en emparer. Malheureusement personne ne peut plus nous dire à quel endroit la peste se trouve emmurée, en sorte qu'il faut s'attendre, à chaque démolition qui se fera dans cette rue, à voir la dame blême sortir de sa prison et prendre de nouveau la clef des champs.

Cette singulière tradition n'aurait-elle pas son origine dans le souvenir d'une ancienne coutume païenne, dans la coutume barbare que l'on avait, jadis, d'immoler ou d'enterrer vivante une victime humaine, à l'intention d'obtenir du ciel irrité l'éloignement d'un fléau ? Ainsi l'on raconte que dans l'ancien château d'Ungerstein on voyait chaque année, à certain jour, un endroit de la muraille se mouiller de pleurs. C'était la dame du Hungerstein que l'on disait emmurée là; mais on doit supposer que c'est uniquement le nom du château qui aura fait localiser là ce souvenir, après que l'*Unterstein*, dont une ancienne prononciation aura fait l'Ungerstein, fut devenu finalement le Hungerstein, le château de la faim.

Quant à ce nom de *rue de la Peste*, c'est probablement un souvenir de la grande peste de 1348. D'après notre chronique des Dominicains, le terrible fléau aurait fait le tour du monde et emporté le tiers du genre humain. On l'attribuait, dit le chroniqueur, à des miasmes pestilentiels sortis de la terre, c'est-à-dire qu'on ne savait trop à quoi l'attribuer. Aujourd'hui que l'on sait tout et autre chose encore, si le choléra, la peste bovine, l'oïdium, la maladie des pommes de terre et des vers à soie, se promènent encore librement par le monde, c'est uniquement parce que la *science*, par un excès de pruderie, n'a pas dit son dernier mot. On est si modeste aujourd'hui !

Un autre souvenir de la peste, ce sont trois petites verrières que l'on montre encore dans l'angle saillant d'une ancienne maison de notre ville. Celle du milieu représente un banquet de noces, les deux autres un chevalier armé de sa lance et sa dame qui lui présente une coupe, le tout surmonté du tableau des quatre saisons : un combat, des baigneurs, une vendange et un tir à la flèche.

Voici ce qu'on raconte au sujet de ces verrières :

C'était au temps de la peste. Le chevalier venait de

perdre sa femme, enlevée par le fléau qui dépeuplait la ville. Alors on ne gardait pas longtemps les morts, de crainte que la contagion ne se communiquât aux vivants ; ils étaient aussitôt enlevés, transportés hors de la ville et enterrés dans une fosse commune, à quelques pas du Brackenthor. La fosse était-elle suffisamment remplie, on la recouvrait de terre et on en creusait une autre. C'est dans une de ces fosses que fut aussi déposée la femme du chevalier. Mais elle n'était morte qu'en apparence, et comme on avait négligé de recouvrir de terre les morts de ce jour-là, pendant la nuit elle se réveilla de sa léthargie sous l'influence de la fraîcheur, et elle eût encore assez de forces pour s'en retourner chez elle, enveloppée de son linceul blanc. Quelle ne fut pas l'étonnement du chevalier lorsqu'il s'entendit dire par la servante, qu'une blanche figure se tenait devant la porte de sa maison, se disant sa femme, frappant et demandant avec instance à entrer : « Je croirai plutôt que c'est mon cheval blanc ! » s'écria-t-il. Il se leva néanmoins et descendit. Arrivé à la porte il ne put s'empêcher de reconnaître la voix de son épouse. Cependant il hésitait encore à tirer le verrou, toujours dans la persuasion que c'était plutôt un fantôme que la personne de celle qu'il croyait morte et enterrée. Alors la dame, détachant du doigt sa bague d'or, la glissa par-dessous la porte en priant son mari de l'examiner. Le chevalier prend la bague, l'examine, et reconnait aussitôt la bague de sa femme. Un instant après, la prétendue morte était dans ses bras, pleurant de joie et guérie. Le lendemain, un banquet réunit dans la maison tous les parents et amis de la famille ; mais avant de se mettre à table, les deux époux se rendirent ensemble à l'église pour recevoir à nouveau la bénédiction nuptiale.

Notre ressuscitée vécut encore une année, ajoute la tradition ; mais à partir de sa résurrection jusqu'à sa mort définitive elle ne s'occupa plus, dit-on, qu'à filer et à coudre pour les pauvres.

Saint-Sébastien, le guerrier martyr percé de flèches, et à ce titre patron des tireurs, était encore spécialement invoqué en temps de peste, bien qu'il ne soit nullement question de la peste dans la légende de ce saint. Comment nous expliquerons-nous la raison de cette dévotion, ou pourquoi saint Sébastien était-il invoqué contre la peste ? Ne serait-ce pas, comme nous venons de le voir plus haut, parce que la peste était figurée par des flèches, par ces traits mortels que lançait le dieu courroucé ?

C'est ainsi que nous voyons souvent les chrétiens emprunter à l'ancien symbolisme ses images pour y attacher une signification nouvelle, comme nos artistes changent quelquefois le nom d'une statue en lui mettant dans la main un autre emblème. Le symbolisme est une langue qui se comprend dans toutes les langues, et à ce titre il avait sa place marquée d'avance dans la grande œuvre de la conversion des peuples.

L'histoire de cette époque nous offre un curieux spectacle, celui des saints de l'Eglise luttant en quelque sorte contre les dieux, comme les héros d'Homère, les prenant corps-à-corps et les renversant de leurs autels pour y replacer le vrai Dieu et se faire ensuite les gardiens de son temple. Il y avait bien un certain danger à cette lutte des héros chrétiens : comme Jacob vainqueur de l'ange ils ne pouvaient triompher qu'en emportant un souvenir du combat, ne fût-ce que la poussière de l'arène sur le vêtement de leur sainteté. On pouvait craindre, dans cette substitution des anges et des saints aux anciennes divinités, de voir le peuple confondre dans sa vénération le saint avec l'idole, en attribuant à l'un ce qui n'appartenait qu'à l'autre. Mais l'Eglise, à qui le Seigneur avait promis son assistance, l'Eglise était là qui veillait, sachant toujours faire la part du vrai et du faux en séparant la fable de la vérité, comme elle avait déjà fait pour les évangiles, et c'est ainsi que naquit la légende chrétienne. La légende est la poésie de l'histoire; c'est l'histoire illustrée, telle qu'il la faut à l'imagination du peuple, avec l'encadrement de ces vignettes d'or qui souvent nous charment plus encore que le texte.

Plusieurs de nos saints de légende sont l'objet d'un culte spécial de la part du peuple, culte purement local et qui mérite d'autant plus de fixer notre attention que l'Eglise, le plus souvent, y est étrangère et qu'il ne se fonde quelquefois sur aucun trait de la vie du saint. Mais par cela même il n'en a que plus de valeur au point de vue scientifique; car outre qu'il nous fournit par là une preuve de plus de son ancienneté, il nous sert comme de clef pour pénétrer dans les mystères de la mythologie, ce point de départ de toute histoire ancienne. C'est cette fleur symbolique de nos dames blanches qui nous ouvre l'entrée de la montagne enchantée. Ces dévotions populaires, dans le culte des saints, remontent souvent à l'origine même du christianisme dans le pays. On peut en dire autant du culte des saints en général, parce qu'il a ses fondements dans la nature humaine. Quoi de plus naturel, en effet, que d'invoquer, aux heures d'angoisse et de détresse, le secours d'un autre dont on suppose la prière plus agréable à Dieu, et de s'adresser de préférence à celui qui s'est trouvé un jour dans la même détresse, qui a souffert les mêmes douleurs? *Non ignara mali*......

Oui, on aime à compatir aux maux qu'on a soufferts, et le vers du poète latin n'est si beau, si touchant, si justement admiré, que parce qu'il exprime un sentiment si profondément vrai. Qu'importe, après cela, dans quel langage ce sentiment s'exprime, sous quelle forme ce culte se produit! Qu'importe même, au point de vue moral et religieux, que telle légende soit fondée ou non, que tel saint de telle contrée, saint que l'Eglise souvent ne connait ou ne reconnait pas, ait fait ou non ce que l'on raconte! Cela peut-il empêcher la prière du cœur d'arriver au cœur de Dieu, puisqu'en définitive c'est toujours à Dieu qu'elle s'adresse? Le culte des saints, après tout, n'est pas seulement une invocation, c'est en même temps un encouragement à la vertu et un hommage rendu à la sainteté, cet état de vertu en permanence à son plus haut degré d'héroïsme.

CHAPITRE IV.

LES DÉESSES.

I.

La reine Pédauque.

En se créant de fausses divinités pour combler le vide immense causé par la perte du vrai Dieu, l'homme ne pouvait que leur prêter sa propre image, cette même effigie qu'il avait reçue de son Créateur, mais devenue presque méconnaissable, tant elle était défigurée ! Et voilà comment il vint à placer à côté de chacun de ses dieux une déesse, leur prêtant en même temps, avec les traits de son image, toutes les passions de son cœur, tous les vices de sa propre nature corrompue. On se figure dès-lors la morale qui devait découler d'un tel culte, morale qui avait pour sanction l'exemple de ces dieux et de ces déesses, pour stimulant les symboles d'un naturalisme sans frein et sans pudeur. C'est ainsi que l'humanité, arrivée au dernier degré de dégradation, a sû trouver moyen de descendre encore, en se faisant de sa dégradation même l'objet d'un culte superstitieux.

A la religion des Germains comme à toutes les religions païennes, il manquait essentiellement deux choses que le paganisme a presque ignorées : la pudeur et la pitié. Sous le voile d'un symbolisme plus poétique que moral, c'était au fond toujours le culte de la chair, culte de sang et de boue où la cruauté et la volupté se donnaient la main, et vers lequel incline naturellement tout homme, toute société qui sort des voies de Dieu. Si nous n'en avions pas eu l'expérience renouvelée sous nos yeux, après dix-huit siècles de christianisme, ce que nous savons des mystères du culte païen, de ses images et de ses symboles, nous dirait assez jusqu'où peut descendre ce roi de la création fait à l'image de Dieu. « O la vile créature que l'homme et abjecte, s'écrie Montaigne, s'il ne se sent pas soulever par quelque chose de céleste! »

Ce serait donc une grave erreur de ne voir que de la poésie dans ce culte de la nature qui fait le fond du paganisme; car tout n'est pas poésie dans la nature, et l'on peut s'en convaincre aisément, surtout si l'on considère la nature déchue de l'homme. Si Tacite n'a pas craint d'opposer les mœurs des Germains à celles des Romains, c'est d'abord parce qu'il avait besoin d'un point de comparaison qui pût faire contraste, et pour cela il ne lui fallait pas précisément des modèles de vertu. Les Romains étaient plus avancés que les Germains, plus civilisés, comme on dirait aujourd'hui. N'avaient-ils pas le théâtre et l'amphithéâtre? Mais les autres, si les moyens leur manquaient, ne manquaient pas de bonne volonté. On est assez porté à prendre la rudesse de ces barbares, ou si l'on veut, une certaine simplicité de mœurs forcée, née des habitudes d'une vie de pauvreté et de privations, pour de la moralité. C'était une moralité relative qui n'a pas empêché leurs rois de donner aux Césars mêmes des leçons de corruption. Le cœur humain est partout le même, peu importe le climat ou le degré de civilisation où l'homme se trouve. Des doctrines identiques au fond devaient donc avoir partout les mêmes conséquences morales. Les circonstances extérieures peuvent bien modifier à la surface les mœurs d'un peuple, mais la religion seule, ce rayon d'en haut, pénètre jusque dans les profondeurs de cet abîme sans fond qui s'appelle le cœur humain.

Reconnaissons-le tout d'abord : les déesses de la Germanie valaient mieux que ses dieux, et en ceci encore le ciel mythologique n'a fait que réfléchir l'image de la terre. La bonne déesse des Germains se reconnait aisément dans ces bonnes fées qui filent et qui tissent, et qui semblent revivre encore dans nos dames blanches à la physionomie si mélancolique, si douce, comme des châtelaines en deuil.

Nous allons essayer maintenant de découvrir, à côté de chacun des trois dieux ci-dessus nommés, les traces de la déesse qui le complète comme sa divinité correspondante de l'autre sexe. Et d'abord commençons par le maître des dieux, par Jupiter-Odin. *Ab Jove principium.*

Odin, le dieu de l'air, avait donc une femme qui personnifiait l'air à sa manière, donnant le bras à son époux et le remplaçant au besoin, comme toute brave femme doit savoir le faire. Elle se nommait Frigga, mais les Allemands l'appelaient ordinairement *frau Gaude*, comme qui dirait dame Odin. C'était une vénérable matrone, une reine au port majestueux, tout-à-fait digne de trôner à côté du souverain maître des dieux. Elle tenait par conséquent la place de Junon; mais l'aigle d'Odin, nous l'avons dit, c'était la cigogne, ce modèle de fidélité conjugale dont le nid sur une maison est regardé comme un gage de prospérité.

Aussi vous prévient-on de ne pas troubler ce ménage-là, qui pourrait souvent servir de modèle à d'autres.

La cigogne est remplacée sur l'eau tantôt par le cigne, plus poétique, tantôt simplement par l'oie, plus commune. L'un et l'autre, par son genre de vie, symbolise le nuage, c'est-à-dire l'air et l'eau, ou le double élément dont le nuage se compose.

Quand nous voyons le nuage, frappé par les rayons du soleil, fondre en pleurs, et qu'il y a là comme un conflit de juridiction entre le soleil et la pluie, nous disons que c'est le diable qui bat sa femme. C'est Frigga qui pleure sous la verge d'Odin, comme ailleurs c'était Junon suspendue en l'air par Jupiter en courroux.

Les fils Notre-Dame, ces légers filaments que nous voyons quelquefois, par une belle journée d'automne, flotter dans le calme azur du ciel, c'étaient autrefois les cheveux de Frigga *(frickhaar)*, et aujourd'hui encore, lorsqu'il neige, on nous dit que c'est la *Femme* qui secoue son lit de plumes, c'est-à-dire la femme d'Odin, cette même déesse de l'air qui, dégénérée en sorcière, tamise la neige et le grésil sur le Bollenberg.

Pour cette dernière opération surtout il convenait que son altesse sérénissime résidât en haut lieu, à l'exemple d'Odin. Or, voici que la plus haute de nos montagnes, après le Ballon, est la *Tête-de-Cigogne,* sa voisine au bord du lac, dans le miroir duquel la belle ne cesse de se mirer, dit-on, du matin au soir. Cette cigogne à côté d'Odin nous rappelle l'aigle à côté de Jupiter. On sait qu'en latin c'est *une* aigle.

Voici la fontaine du Judenhut. Que veut-on nous dire avec cette singulière désignation de *Fontaine de la Princesse?* Une princesse aurait eu là-haut sa résidence. Caprice de princesse, si l'on veut; mais on conviendra que ce caprice d'aller séjourner là pour le plaisir de respirer un air pur, n'a guère pu venir à une princesse de ce bas monde. N'est-ce pas de ces fontaines, d'ailleurs, que la cigogne nous rapporte tous ces charmants petits princes, toutes ces aimables petites princesses dont l'arrivée dans nos familles, toujours accompagnée d'une grêle de bonbons, y cause tant de joie?

Frigga personnifie donc, au même titre qu'Odin, l'un et l'autre élément, l'air et l'eau. Cigogne dans les hautes régions de l'air, la déesse reprend, sur l'élément humide, la forme gracieuse d'un beau cigne voguant sur le miroir d'un lac et présentant au souffle de la brise, comme une voile qui s'enfle, son plumage éclatant de blancheur. Quel autre déguisement pouvaient prendre, après cela, nos fées et nos ondines, pour aller s'abattre sur la rive solitaire de quelque lac tranquille, loin de tout regard profane? Aussi bien, malheur à celle dont le blanc vêtement de plumage était découvert et enlevé par quelque curieux inaperçu, pendant qu'elle prenait ses ébats dans l'eau! Ne pouvant plus s'envoler, elle était à sa discrétion jusqu'au moment où elle retrouvait enfin son plumage; mais alors, et n'en retrouvât-elle qu'une plume ou un léger duvet, adieu la belle! car à l'instant même, redevenue cigne, elle s'envolait.

C'est là sans doute une image de l'eau descendant sur la terre et se mettant à la disposition de l'homme pour le servir, dès qu'elle a touché terre, jusqu'au jour où, reprenant sa forme première et sa liberté, elle s'envole en s'évaporant.

Ainsi fit un jour cette belle sorcière qui allait être brûlée à Guebwiller. Arrivée près de la Croix de bois où l'attendait le bûcher, elle demanda qu'on voulût bien lui donner seulement, pour dernière grâce, un œuf.

Pouvait-elle demander moins? On s'empressa d'aller le chercher, et la sorcière était déjà attachée lorsqu'on le lui apporta sur le bûcher. Mais, ô prodige! à peine eut-elle saisi l'œuf, qu'à l'instant même elle disparut.

Le cigne devenant de plus en plus rare, à mesure que la légende s'éloignait de ces contrées du Nord parsemées de lacs et sillonnées de fleuves, le bel oiseau disparut aussi peu à peu du symbolisme, pour faire place à un autre palmipède moins gracieux et moins poétique, à l'oie. C'était toujours la même poésie, mais rendue en prose. Ainsi quand la déesse reparaîtra dans les légendes sous la figure de quelque reine Berthe au grand pied, ce ne sera plus qu'une reine Pédauque, c'est-à-dire une reine au pied d'oie, *pede aucæ*. C'est à ce même souvenir enfin, à cette même origine que nos dames blanches, comme celle que l'on voit, dans notre *Gans*, descendre par le chemin du Kastelweg, doivent l'or ou le safran de leurs souliers jaunes.

Il y avait souvent trouble dans le ménage des dieux, mais le plus troublé de tous les ménages du ciel et de la terre, c'était sans contredit celui des conjoints Odin et Frigga. Le couple céleste était continuellement en bisbille. Soleil ou vent, Odin ne se plaisait qu'à tourmenter sa femme. Nous avons vu dame Nuée pleurer sous les coups redoublés du dieu Soleil; le dieu Vent la fait en même temps et pleurer et courir. En voici la preuve:

Si nous descendons du Judenhut vers le Hohenrupf, nous traversons les hautes forêts de la Windbrecht, et nous saluons en passant la fontaine dite de l'Auge de Saint-Jean, *Johannistrog*. Ecoutez! Quels sont ces pleurs et ces gémissements au fond du bois? C'est la Windbrecht qui pleure, une pauvre mère à la recherche de son enfant. Et quelle est cette Windbrecht? C'est

Berthe, la fiancée du Vent, *die Windsbraut*. Aussi voyez, partout où elle a passé, arbres, broussailles, gazon, tout est mouillé de ses larmes. Vous allez nous dire peut-être que c'est encore le nuage qui pleure. Ce n'est pas ainsi que l'entend le peuple.

Notre Windbrecht, c'est une âme errante qui se lamente et se désole, une mère en peine de son enfant perdu, âme errante aussi qu'elle est à chercher partout, le jour comme la nuit, l'entendant souvent, l'apercevant parfois, l'appelant alors et lui tendant les bras, sans pouvoir jamais le saisir et l'embrasser. Et qu'a-t-elle donc fait, cette pauvre mère, pour mériter un si triste sort? Hélas! la malheureuse est morte en couches en état de péché mortel, et son pauvre enfant lui-même est mort avec elle, mort sans baptême!

Après la femme qui pleure voici venir la fille qui chante. Nous descendons encore et nous arrivons dans la vallée par le chemin du Geffenthal. Voici la Lauch qui coule à nos pieds en mugissant. Ici, quand l'air est calme et qu'il se prépare un changement de temps, on voit une fille blanche sortir de la forêt en chantant d'une voix si belle, si claire et si douce, qu'il vous semble entendre la musique argentine d'une clochette dans le vallon. Plus souvent encore, vous entendez la voix sans apercevoir la fille. Mais alors aussi gardez-vous bien d'écouter, de vous arrêter surtout! car l'imprudent qui s'arrête pour prêter l'oreille à ce chant de sirène, ne pouvant résister au charme qui l'attire, avance toujours, sans se douter même qu'il marche, sans s'apercevoir que les heures s'écoulent comme des minutes, et lorsqu'enfin la voix se tait et qu'il s'arrête, il se voit égaré dans la forêt au milieu des plus profondes ténèbres.

Quelle est cette fille blanche du Geffenthal, à la voix si mélodieuse, au chant si doux ? Sans rien changer au nom, nous y trouvons celui de Geffen ou Géfione, cette déesse de l'onde qui donne la main à notre Gébon ou Géfion de Gebunwilare, dieu de l'onde aussi qui présidait au cours des fleuves. Et ce chant de sirène enfin? C'est la Lauch, c'est le bruit de l'eau se répercutant au fond des bois.

A courir après l'écho, on ne peut que s'égarer.

Si de la Fontaine de la Princesse nous nous dirigeons du côté de celle dite *les Trois-Fontaines,* pour descendre par le Gansrain dans la vallée de Rimbach, nous retrouvons là notre Berthe, sous son synonyme de Breida, d'un côté à la source du Breidenbrunn, de l'autre au Breidenstein, dit aussi *Hexenstein.* Ce rocher est hanté par une dame blanche qui tient en main une faucille d'or. Un savant du pays a cru voir dans cette tradition le souvenir d'une druidesse, et par conséquent dans le Breidenstein une ancienne pierre druidique. La faucille appartient aussi à Berthe, la déesse moissonneuse et fileuse à laquelle semble faire allusion le refrain qui se chante ici pour le feu du carnaval. Berthe peut être regardée comme la Vesta des Germains. Elle était fêtée le douzième jour, ou plutôt la douzième et dernière des nuits saintes de Noël, fête remplacée aujourd'hui par celle de l'Epiphanie ou des Trois-Rois. Nous ne saurions dire si Berthe a présidé au feu, comme Thor ou Vesta, mais elle était, comme cette dernière, une divinité pénate, protectrice du foyer domestique. Remarquons seulement que Rimbach a pour fête patronale les Trois-Rois, et que sainte Agathe est honorée avec saint Pierre d'une manière spéciale à Rimbach-Zell.

La faucille d'or symbolisait originairement l'arc-en-ciel. Dans le refrain du carnaval il est question d'une dent d'or. Or, c'est une divinité aux dents d'or, Heimdall, qui garde le pont des dieux, c'est-à-dire l'arc-en-ciel, avec ce fameux cor *giallar* dont la voix de tonnerre doit retentir à la fin du monde comme la trompette de l'archange. Tout cela ne vous rappelle-t-il pas l'orage, et comprenez-vous maintenant pourquoi Berthe vient ici se placer à côté de Thor?

Au temps où la reine Berthe filait, c'était elle, c'était encore notre déesse qui filait, pour les suspendre au bout des chaumes, ces fils si ténus, si subtils, dont nous voyons le réseau couvrir en automne, comme d'une gaze légère, la surface de nos guérets. Nous avons dit ce qui a fait de Berthe une reine Pédauque comme déesse ondine, mais qu'est-ce qui lui a valu, comme déesse de l'air, ce glorieux titre de Reine Berthe au grand pied qu'elle porte encore dans les contes de la *Mère l'Oie?* C'est son assiduité au rouet.

Aujourd'hui Berthe ne file plus, elle brode.

II.

La grande Truite et l'Ondine du lac.

Pendant que l'ondin Nichus se métamorphosait en dragon d'eau, afin de pouvoir continuer sous cette forme à régner sur le lac, Géfione, toute vieille, toute ridée qu'elle était, ne pouvait pas plus se détacher de son Nichus que de son miroir, de ce beau lac du Ballon au cristal toujours si limpide et si transparent. Elle se dit en son cœur :

> J'ai partagé sa gloire et sa puissance,
> Je veux aussi partager son malheur !

et ce disant, elle se métamorphosa en.... truite. C'est la Grande Truite du lac. Oui, cher lecteur, c'est sous cette forme que notre belle ondine, la Freya de l'onde, réside encore au lac du Ballon. Une truite! Est-il rien qui puisse mieux symboliser cette eau de roche si fraîche et si pure? C'est la reine des ondines dans son palais de cristal. Mais hélas! les beaux jours d'Aranjuez sont passés. Retirée au fond de sa grotte, Calypso ne peut se consoler du départ d'Ulysse. Dans sa douleur, elle se trouve malheureuse d'être immortelle, et sans cesse elle a le regard tourné du côté où Ulysse, fendant les ondes, a disparu à ses yeux. C'était, nous l'avons dit, en l'année 1304, et cette date funèbre est toujours présente à sa mémoire (1). Aussi, à moins d'une circonstance extraordinaire, la voit-on rarement sortir de sa retraite. Mais vienne un ennemi qui ose envahir son domaine, un perturbateur de l'ordre et de la tranquillité, et notre reine saura se montrer. Quand un de ces orages, par exemple, comme il en éclate quelquefois

---

(1) Cette inondation de 1304, qu'il a plu au chroniqueur de compliquer d'une sortie du dragon, ne doit pas être confondue avec celle causée par l'éruption du lac, dans la nuit du 21 Décembre 1740.

Un écrivain allemand, M. Aug. Becker, a fait de cet évènement le sujet d'un récit très-intéressant inséré dans les *Illustrirte Monatshefte* de Westermann, et reproduit en 1860 par le *Samstagsblatt* de Mulhouse et par le *Journal de Guebwiller* Le récit est intitulé : *Der ausgebrochene See, oder : Gott kann auch Wunder thun.*

Entre autres faits dont on a conservé le souvenir, l'auteur rapporte l'histoire de ce riche propriétaire qui se vantait, dans son orgueil, d'avoir une cave assez bien approvisionnée pour pouvoir arroser de vin toute la banlieue d'Issenheim, et dont la maison fut emportée avec sa cave et treize autres maisons.

sur les montagnes, vient à se déchaîner sur le lac et le bouleverser dans ses abîmes; quand l'ouragan brise les plus forts sapins et les précipite tête baissée dans le gouffre ; que l'éclair, coup sur coup, en illumine les profondeurs et que la voix du tonnerre mugit, répétée en chœur par tous les échos d'alentour, alors la Grande Truite monte, et à ce moment vous pouvez la voir faisant lentement le tour du lac, le dos couvert de mousse et surmonté d'un sapin. A son aspect la tempête aussitôt s'apaise, l'orage s'éloigne, les flots agités se calment, et bientôt la tranquillité la plus profonde règne de nouveau sur le lac. Mais déjà la Truite, replongeant dans l'abîme, a disparu.

Cependant ne vous fiez pas trop à ces eaux dormantes. C'est le cas de vous rappeler ici le proverbe qui dit : il n'y a pire eau que celle qui dort; car ce calme du lac, à certains jours, peut être trompeur. Si quelque pêcheur s'avisait, par exemple, d'y aller jeter son filet, et qu'il vît une truite de belle taille venir examiner d'abord filet et barque, puis s'en aller et revenir avec une autre truite plus grande, suivie d'une troisième plus grande encore, alors gare au téméraire! sinon, c'est à peine si l'on apprendra, dans la vallée, qu'un pêcheur a été pris par les truites et dévoré.

Depuis que l'on est occupé, au lac du Ballon, des travaux de percement pour l'utilisation de ses eaux, plus d'un indiscret s'est demandé ce qu'on ferait, non seulement du Chariot d'or, mais aussi de la Grande Truite, s'il arrivait qu'un beau matin elle fût trouvée à sec, comme une baleine que la marée, en se retirant, aurait laissée à la merci des hommes dans un port. Mais ne sait-on pas que le lac est sans fond, communiquant avec la mer? Demandez plutôt à ceux qui le savent; ils vous diront tout ce qu'on a fait un jour, et sans résultat, pour en sonder la profondeur. Vous nous parlez d'une trentaine de mètres? Allons donc! Ce serait bien la peine de trembler pour un déluge d'un bout à l'autre de l'Alsace. Et que deviendrait alors toute la poésie du lac? Dans tous les cas, tenez pour certain que vous ne verrez ni le chariot ni la truite.

Au surplus, la déesse du lac ne reste pas toujours métamorphosée en truite : il lui arrive assez souvent de reprendre sa forme première, cette forme humaine de princesse qu'elle était, mais en costume de négligé. C'est alors la dame du lac, une belle ondine qui, si elle ne vous montre pas son visage, vous fait du moins assez souvent entendre sa voix. Il ne s'agit que de savoir bien choisir votre moment. Et qu'est-ce qu'elle chante? C'est un peu monotone, mais fort joli, car elle ne cesse de répéter ce même refrain : «une chopine de vin et trois chopines d'eau font aussi un pot!» Il faut vous dire que la dame du lac est devenue maîtresse d'hôtel, ou plutôt qu'elle a cédé sa place à une autre, laquelle, de son vivant sur la terre, tenait hôtel, dit-on. Or, il paraît que cette dernière, quand elle descendait à la cave, avait coutume; on devine à quelle fin, de fredonner l'air ou les paroles que nous venons d'entendre. Mais le proverbe dit : «tant va la cruche à l'eau, qu'à la fin elle se casse,» et ce sort devait être aussi celui du pot de notre chanteuse. La voilà donc constituée maîtresse d'hôtel au lac, avec patente à perpétuité pour le débit du blanc et du clairet, obligée seulement de le servir pur et de le boire elle-même. Elle boira donc et ne cessera de boire de l'eau jusqu'à ce qu'elle ait vidé le lac jusqu'à la dernière goutte.

A bon entendeur salut!

La dame du lac ne chantant qu'à l'approche d'un orage, et la Grande Truite ne faisant sa sortie qu'au plus fort de l'orage même, on conçoit qu'il n'est pas plus facile d'entendre la dame que de voir la truite. Mais que voulez-vous? il en est de la merveille du lac comme de celle du Ballon. Je veux parler du lever de soleil. Pour être témoin d'un beau lever de soleil il faudrait être sur la montagne au bon moment, par une de ces belles matinées qui vous annoncent un jour de pluie. Ces rares moments exceptés, pour qui veut bien prendre la peine de se lever soi-même et de monter avec le jour sur la première montagne venue, il y trouvera presque toujours, et à bien moins de frais, le même soleil qu'au Ballon ; il n'y manquera que ce rien qui est tout pour le grand nombre, la gloriole. Mais c'est là le guide ordinaire des touristes, nous dira-t-on. D'accord, et j'ajouterai même que c'est une gloriole très-innocente que beaucoup d'autres ne valent pas. Cependant, comme il n'en est pas moins vrai que ce guide égare souvent, dussions-nous faire ici une digression, il peut n'être pas sans utilité pour les jeunes lecteurs qui ne le sauraient pas, de savoir d'avance ce qu'il peut en coûter de voir le lever du soleil au Ballon.

Comment s'y prend-on la plupart du temps? Afin de voir le moins de choses possible on part le soir, déjà fatigué de tout le poids d'une journée, et l'on se met bravement à errer dans les ténèbres des forêts, à sonder les marécages, à se frayer un passage à travers les hautes herbes mouillées ou à chercher une issue à travers les broussailles, non sans heurter à tout moment, qui une pierre, qui une racine, une souche ou un tronc d'arbre. Pour distraction néanmoins et pour le plaisir du coup d'œil, vous avez la charmante perspective d'un brouillard dormant sur un vallon. Cependant on marche toujours et rien ne rebute; et l'on monte, et l'on descend, et l'on remonte encore, jusqu'à ce qu'enfin l'on arrive, trempé de sueur, mais les habits pénétrés d'une rafraîchissante rosée, en vue d'une ferme; à moins que la prétendue ferme, bien examinée, ne soit quelque maison de la vallée d'où l'on est parti!

Cela s'est vu, et pourtant on s'était muni d'une lanterne; mais peut-être avait-on prêté l'oreille, répondu même à la voix ou suivi les pas de cet esprit fourvoyeur qui se plait à égarer les gens dans les montagnes; ou bien on avait dans le soulier la graine de quelque plante sacrée, de la fougère par exemple, de la vipérine ou de la serpentaire, *(irrkraut, otterkraut),* et ainsi, tout comme le serpent d'Odin qui se mord la queue, on tournait dans un cercle vicieux, en se mordant les lèvres. Il eût fallu, dans ce cas, changer les souliers en mettant le soulier droit au pied gauche et *vice-versâ,* moyen sûr de se reconnaître et de se retrouver tous ensemble au rendez-vous, sauf peut-être celui qui portait les provisions.

Mais mettons en fait que vous êtes bien réellement en vue d'une ferme. Donc il ne reste plus, pour y arriver, qu'à vous garer du taureau. Ne le voyez-vous pas, ne l'entendez-vous pas qui s'annonce, qui arrive sur vous, là, tout près, pour vous faire la bienvenue? Faut-il vous raconter l'histoire de ce malheureux qui fut un jour poursuivi, atteint et tué par un taureau du côté du Petit-Ballon? On pourrait vous montrer encore aujourd'hui, au haut du Bel, le *buschtritt,* c'est-à-dire le pas du taureau empreint dans le roc. Hâtez-vous donc, allons! relevez-vous et du courage! encore un effort; voilà la ferme, là du moins vous serez en sûreté et vous pourrez respirer.

Enfin vous voilà devant la porte. Prenez patience, on

va vous ouvrir; il paraît qu'on ne vous a pas entendu. Mais aussi quel bruit de voix à l'intérieur, quel vacarme! Ah! c'est qu'en bon adorateur du soleil que vous êtes, vous arrivez un dimanche, jour du soleil, et comme beaucoup d'autres professent le même culte, il se trouve que la place est déjà occupée, défendue jusqu'aux combles par une nombreuse garnison. Quel ennui! quel guignon! Mais que faire, à moins de faire chorus? Aller loger ailleurs, à la Belle Etoile?... On essaie de l'un, on serait presque tenté de goûter de l'autre. On parle aussi de prendre du lait, mais la garnison a fait main basse sur tout. Oh, que les heures semblent longues à qui compte les minutes! Tant bien que mal pourtant le temps se passe, et comme il y a encore du chemin à faire, on se décide à repartir. Ne faut-il pas avant tout devancer l'aurore?

Après un dernier, mais long et pénible effort, on arrive enfin, hors d'haleine, au sommet de la montagne. Quel vent! quel froid! et gare aux chapeaux!... Impossible d'y tenir, il faut absolument chercher un abri et attendre là que le soleil se lève. Mais ne dirait-on pas qu'il a tiré le rideau? car voilà l'horizon tout chargé de brume. Un moment seulement, encore quelques minutes, car à tout instant il peut se lever. On attend donc, on attend encore, on attend toujours, lorsqu'on s'aperçoit enfin que le soleil, depuis plus d'un quart d'heure déjà, est levé! Le rideau de brume l'avait dérobé. Et maintenant vous avez beau regarder, c'est bien lui, votre soleil de tous les jours, à part l'horizon qui est d'ailleurs embrumé. Et le Rhin? et les Alpes aux pics neigeux courant du Mont-Blanc jusqu'au Tyrol?... Passe pour le Rhin! mais pour les Alpes et le reste, à commencer par nos Vosges, qui devraient bien aussi, ce me semble, vous intéresser quelque peu, il eût fallu partir le matin, voyager par conséquent le jour en visitant d'abord quelque monument de la vallée, puis quelque ferme de la montagne, le lac surtout où il fait si bon se reposer; et ainsi, après tous les agréments d'une belle journée, vous vous seriez ménagé encore, pour votre arrivée *par derrière* au sommet du Ballon, la surprise du spectacle le plus grandiose se découvrant à vos yeux tout d'un coup. Oh! c'est alors, c'est le soir surtout qu'il fait bon se trouver sur la montagne; c'est alors que la vue est belle et que l'on aime à s'écrier, dans le transport de sa joie : Gloire à Dieu! qu'il est grand sur les hauteurs!

III.

La Dame blanche.

Une haute montagne au flanc cultivé domine Guebwiller du côté du nord; c'est le Schimberg, ou la montagne du soleil, du vieux mot *schin*. La région supérieure de ce magnifique côteau, aujourd'hui convertie de vigne en châtaigneraie, est appelée du côté de la vallée Engelberg, du côté de la plaine Schlossgarten. Le sommet de la montagne, en nature de bruyères et de pinières, est l'ancien Kastelberg, vulgairement dit l'Oberlinger. C'est là, à l'extrémité du plateau, que s'élevait jadis ce merveilleux château dont la tradition seule, à défaut de documents historiques, nous a conservé le souvenir. Eh qu'importe! nous n'avons que faire ici des données de l'histoire; il nous faut un horizon plus large, comme celui de la montagne.

On nous certifie donc qu'un magnifique château

couronnait autrefois le sommet du Kastelberg, que ce château avait juste autant de fenêtres que l'on compte de jours dans l'année, et que, lorsque toutes ces fenêtres s'illuminaient aux rayons du soleil, c'était une splendeur qui rayonnait jusque bien au-delà du Rhin. Qui ne reconnait à ce signe le palais du Soleil?

Au-dessus du château on voyait toujours un grand aigle qui tantôt en faisait le tour et tantôt planait, immobile, au plus haut des airs. C'est l'oiseau de Jupiter reprenant la place de la cigogne à côté d'Odin, dieu de l'air et du soleil. C'est le principe féminin, la femme d'Odin, la déesse *Sunna*, notre dame blanche enfin.

Nous avons déjà remarqué ce nom d'Engelberg, comme nous laissant deviner Odin caché derrière saint Michel. Le rocher qui se dresse à l'extrémité du plateau est la *Pierre du Coucou,* nom qui nous rappelle encore Jupiter. Un autre indice du voisinage d'Odin, c'est ce délicieux fumet qui s'échappe parfois de la *Cave de l'Esprit,* de cette cave mystérieuse où se conserve encore, dans de vieilles futailles de tartre, un vin dix fois séculaire. C'était la cave de notre château, de ce merveilleux château qui se trouvait précisément là posé sur le front de la montagne, avec ses tours et ses créneaux, comme une gigantesque couronne murale.

Le château du Kastelberg n'est plus aujourd'hui qu'un château souterrain, partant invisible; mais on peut encore voir quelquefois la châtelaine, quand elle sort pour faire sa promenade. Comme le serpent couronné du Heisenstein, ce n'est qu'à l'heure de midi que la dame blanche descend de la montagne. Toute radieuse de joie, elle chante alors à ravir, et c'est à peine si elle laisse une trace de son soulier d'or sur le sable du chemin, tant sa démarche est légère. Elle traverse ainsi le petit Val-de-l'Oie *(Ganskrachen)* et arrive jusqu'à la fontaine du Belsbrunnen, où elle se lave et ajuste sa toilette, s'apprêtant ainsi à recevoir son bien-aimé. Mais hélas! la belle Mélusine a beau regarder du côté de la plaine, personne ne se montre; elle a beau monter sur un tertre, si haut qu'elle peut monter, elle ne voit que les arbres qui verdoient et le chemin qui poudroie, et s'aperçoit enfin que celui qu'elle attend a passé outre. Alors la voilà qui s'en retourne en pleurant à chaudes larmes tout le long du chemin.

Pour comprendre quelque chose à l'histoire de toutes ces dames blanches, nous ne devons pas perdre de vue que le soleil, chez les Germains, se personnifie dans une femme *(frau Sunna)* et la lune dans un homme *(herr Mond)*, à l'inverse de ce que nous voyons dans la plupart des autres langues. La dame blanche qui descend à midi vers la fontaine, c'est donc encore le soleil sur son déclin; et comme le soleil qui se lève en répandant la rosée du matin, nous voyons aussi la dame remonter à son château en pleurant.

Vous remarquez parfois en été, sur le flanc du côteau, certaines places de la vigne au feuillage jaune, comme si elle y avait été frappée d'un coup de soleil. Voulez-vous savoir d'où proviennent ces taches? C'est la dame blanche qui s'est reposée là.

Et quel est ce bien-aimé qu'elle attend, qu'elle va recevoir même à son retour, et qui ne revient enfin que pour lui tirer sa révérence? Ce ne peut être que monsieur, c'est-à-dire la lune.

> *Sie duuret ein, die gueti frau;*
> *sie het ihr redli huschrütz au.*
> *Sie lebt gwiss millem ma nit guet,*
> *und chunnt sie heim, nimmt er si huet.*

(Hébel.)

Il peut vous arriver aussi de rencontrer madame faisant sa petite promenade du soir dans un chemin de la vigne, mais alors ce n'est plus notre dame blanche en grande toilette, et vous auriez même de la peine à la reconnaître. C'est une petite vieille au front chargé de rides, toussant et boitant, s'appuyant d'une main tremblante sur un bâton et portant à la ceinture, comme l'autre, un trousseau de clefs ; du reste fort gentille et toujours prête à vous rendre quelque petit service. Le tout c'est de savoir profiter de ses bons conseils. Aussi plus d'une pauvre femme, après avoir rencontré la petite se promenant au soleil, s'est-elle repentie toute sa vie de ne l'avoir pas écoutée, quand elle lui disait de laisser là son fardeau de bruyères et de ramasser plutôt le petit tas de feuilles sèches qu'elle foulait en passant ; car en rentrant le soir elle pouvait voir ce qu'elle avait méprisé. Une de ces feuilles tombée dans son soulier et emportée à la maison lui apprenait, mais trop tard, hélas ! que tout cela c'était.... du pur or !

Quel symbolisme faut-il voir dans cet inséparable trousseau de clefs de toutes nos dames blanches ? Supposons, faute de mieux, qu'il figurait les rayons du soleil.

Un soir, un vigneron qui s'en revenait de la montagne, passait sur le Pont du Frère, lorsqu'il entendit quelqu'un éternuer sous le pont. Il s'arrête, regarde, et voit une toute petite vieille assise sur une pierre au bord de l'eau. « Dieu vous soit en aide ! » lui dit-il, selon l'usage du pays. Point de réponse. La petite vieille éternue une seconde fois. « Dieu vous soit en aide ! » répète le vigneron en accentuant mieux son salut ; mais point de réponse encore. Elle éternue une troisième fois. « Eh bien, lui crie l'homme à bout de politesse, que le diable vous soit en aide ! » Alors la petite vieille, levant les yeux vers le passant, se met à fondre en larmes et s'écrie : « Une seule fois encore, et j'étais sauvée ! » et ce disant elle plonge et disparaît.

On ajoute qu'à partir de ce jour-là notre homme ne maudit plus que son impolitesse, et avec grande raison, car en délivrant la pauvrette il aurait du même coup fait sa propre fortune.

Ainsi toujours la même morale dans la plupart de ces contes : un trésor manqué, faute d'avoir su profiter de l'occasion. C'est la fable de la fortune avec ses mille variantes.

> Fidèles courtisans d'un volage fantôme,
> Quand ils sont près du bon moment,
> L'inconstante aussitôt à leurs désirs échappe.

Ce que les hommes avaient emprunté au spectacle de la nature pour l'appliquer à leurs divinités, ils finirent par se l'appliquer à eux-mêmes, et en ce point du moins ils ne se sont point trompés.

Et quelle est cette petite vieille qui éternue sous le pont? Ne serait-ce pas encore la même que nous avons vue sur la montagne, belle dame à midi sur la hauteur, puis vieille et décrépite le soir dans le chemin de la vigne? Les traits du personnage, l'heure de la journée, le lieu de la scène, tout nous fait supposer que c'est toujours la même personnification du soleil, mais ici le soleil couchant. La rivière a remplacé la fontaine, comme celle-ci remplace la mer où le soleil se lève et se couche. De tout cela il résulte enfin que la dame blanche primitive, la déesse, devait monter d'un côté de la montagne pour descendre de l'autre, en suivant la direction du levant au couchant, comme c'est aussi la direction du Kastelweg au Pont du Frère.

Si le soleil éternue, c'est apparemment parce qu'étant sur le point de faire le plongeon, il a déjà le nez sur l'eau.

IV.

La Dame noire.

Si le soleil, chez les Germains, se personnifie dans une déesse, chez la plupart des autres peuples c'est un dieu, et la lune reprend vis-à-vis du dieu-soleil le rôle d'une déesse. Ainsi, chez les Grecs et chez les Romains, c'est Phébée à côté de Phébus-Apollon, comme c'est elle aussi qui, sous le nom de Diane, préside à la chasse nocturne. Mais, comme on a pu le voir par ce qui vient d'être dit de la dame blanche, il y a séparation de corps entre le dieu et la déesse. A mesure que le soleil approche, la lune se voile, s'efface et se dérobe à ses ardeurs, et ce n'est que lorsque le galant a passé outre, qu'elle sort peu à peu de son boudoir. C'est sans doute en faisant ainsi la prude qu'elle est devenue la chaste Diane.

Mêmes genres pour les deux noms chez les Égyptiens. La lune et le soleil, chez ces derniers, c'est Isis et Osiris. Du temps des premiers Césars, le culte d'Isis s'était répandu dans tout l'empire romain, et rien de plus naturel, dès-lors, que de le trouver établi aussi dans cette partie de la Germanie que Rome avait soumise à sa domination. « Une partie des Suèves, dit Tacite, adorent Isis. » Il y avait trop de ressemblance entre cette déesse et celles de la Germanie, pour que celles-ci ne fissent pas bon accueil à l'Égyptienne.

Comme déesse de la lune et par conséquent de la nuit, Isis prenait la place de Holda à côté de Berthe, et de là ces noms d'Isolde et d'Eisenberthe que portaient quelquefois nos déesses.

Nous avons cru rencontrer Géfione dans la fille blanche du Geifenthal, comme Berthe ou Berchta dans la Windbrecht et dans la dame blanche du Breidenstein. C'était au fond des montagnes. A Guebwiller, sous l'influence immédiate des Romains, Berthe et Géfione ont dû céder le pas à Isis, et quel souvenir celle-ci nous a-t-elle laissé de son passage? Voici d'abord, côte-à-côte avec le Schimberg, le Manberg, la montagne de la lune (de *man* ou *mani*, lune), montagne arrosée par la source du Horni, c'est-à-dire du croissant, à moins qu'il ne faille voir dans ce cornu le bœuf Apis ou Osiris, ce qui ne nous éloignerait pas d'Isis. Le rocher au pied du Manberg est notre Heisenstein, la Pierre d'Isis, cette espèce de promontoire qui portait la chapelle de Notre-Dame et de Saint-Nicolas. En suivant le cours de la Lauch, nous rencontrons ce même nom d'Isis dans celui d'Isenheim, autrefois Eisenheim, et plus loin encore, à Rouffach, dans celui d'Isenbourg; ce qui nous fait présumer que la Lauch était consacrée à la même divinité que l'Oise, la Tamise, l'Isère, l'Isar et tant d'autres cours d'eau. Le mot *lauch* ou *laug* signifiant tout simplement eau ou rivière, on doit en conclure que l'ancien nom propre s'est perdu avec le souvenir de la déesse.

Reine de la nuit, et comme telle opposée au radieux Osiris, dieu du jour et de la lumière, Isis devenait par là-même la déesse des morts, avec le chien noir pour compagnon et l'oie pour victime de prédilection, symboles l'un et l'autre du réveil, de la résurrection, de l'espérance. C'était aussi la signification des œufs de

Pâques, au temps surtout où le jour de Pâques était le premier jour de l'année. On sacrifiait à la déesse vers le solstice d'hiver, ce minuit de l'année solaire. Ce sacrifice était comme l'œuf d'où devait sortir un jour notre oie de la Saint-Martin.

Isis était représentée avec différents attributs, tantôt avec une cruche d'eau ou avec un croissant sur la tête, tantôt avec une faucille à la main ou avec un petit navire à ses pieds, souvent aussi portant un enfant sur le bras. Cet enfant c'était le nouveau soleil, le dieu de la nouvelle année, engendré par la vierge-mère, cette madone prophétique de la gentilité. Depuis longtemps, en effet, l'Égypte qui, grâce à sa position géographique, entendait comme un écho de la voix des prophètes, l'Égypte avait substitué, dans le culte d'Isis, un sens plus élevé à celui qui se symbolisait primitivement dans l'antique déesse, et ce n'est qu'à ce caractère tout prophétique qu'il faut attribuer la rapide propagation de son culte au temps des premiers Césars. Cette vierge qu'avaient annoncée les sibylles et que chantaient les poètes, ce n'était plus une constellation du ciel ni une divinité symbolique de la terre, c'était cette mère divine qui devait donner au monde le « Désiré des nations. » *Jam redit et Virgo*....

Notre chronique relève cette circonstance très-importante pour nous, que dans l'ancienne chapelle de Saint-Nicolas, au Heisenstein, on vénérait tout spécialement aussi la Sainte-Vierge. Il y a tout lieu de croire que cette Vierge du Heisenstein, en face du Schimmelrain, était, comme celle du Huppach de Massevaux, en face du Schimmel, une de ces vierges noires dont il existe encore quelques-unes et qui n'ont pas toujours été noircies par le temps, mais qu'on aura cru pouvoir représenter ainsi pour les opposer à l'ancienne déesse de la nuit, en se fondant pour cela sur le sens exagéré de certains textes de l'Écriture sainte.

La chronique ajoute, en parlant de la chapelle de Saint-Nicolas, que beaucoup de morts se trouvaient enterrés là (1). Ecoutons là-dessus une tradition populaire.

Un jeune garçon était allé un jour au Heisenstein pour y cueillir des violettes. Tout-à-coup il voit le

---

(1) Nous retrouvons plus tard la Sainte-Vierge en grande vénération dans la chapelle de la léproserie, sous le titre de *Maria Helfenbein*. Ce titre était-il une allusion à quelque guérison miraculeuse, ou bien la statue primitive était-elle sculptée en ivoire? Nous l'ignorons. La léproserie se trouvait située du côté de Bergholtz, un peu en-deçà du Hungerbrunnen. Au commencement du siècle dernier la maison des bonnes gens, comme on appelait alors cet Hôtel-Dieu des lépreux (*gutleuthaus*, peut-être de *gottleuthaus*), fut rasée et ses biens-fonds donnés à l'hôpital. La chapelle actuelle de Notre-Dame, plus rapprochée de la ville, fut bâtie en 1618 et consacrée en 1625 par l'évêque suffragant de Bâle, assisté de l'abbé de Murbach, l'archiduc Léopold d'Autriche. La sainte image est de bois. Usée par le temps et par les restaurations successives qu'elle a subies, elle n'a de valeur que comme objet de piété, par ce qu'elle représente et comme résumant la dévotion des siècles pour la mère du Sauveur. Depuis que, par suite de la suppression de l'ancien cimetière en 1817, les morts viennent de nouveau se reposer à l'ombre de la chapelle de Notre-Dame, Marie y est surtout invoquée comme Consolatrice des affligés. En 1814, à l'approche des Alliés, on crut devoir soustraire l'image vénérée à la profanation, en la transportant dans l'ancienne église de Saint-Léger; mais on vit bientôt que l'on s'était alarmé à tort, et la Vierge alla reprendre possession de son sanctuaire, avec le concours de ces mêmes soldats dont on avait craint les outrages et que l'on vit, au contraire, prendre les armes pour former la haie sur tout le parcours de la procession.

rocher s'ouvrir devant lui. Il entre, et qu'aperçoit-il ? Autour d'une table un grand nombre de personnes assises qui mangent et qui boivent, et parmi lesquelles il n'a pas de peine à reconnaître toutes les personnes défuntes qu'il a connues de leur vivant.

Voilà donc une petite walhalla moins les dieux, à l'usage des trépassés. Ceci, du reste, se dit de plus d'un lieu, peut-être en souvenir de ce que nos ancêtres, à une certaine époque, pratiquaient des souterrains sous les collines pour y déposer la cendre des morts recueillie dans des urnes. Le nom même de Hell qui désigne encore un canton près de là, et qui se répète en beaucoup d'endroits, ne signifiait pas toujours une clairière, mais aussi quelquefois une caverne, un souterrain destiné à recevoir les morts, comme c'est aussi le sens primitif de *walhalla* ou de *walhœlle*. La walhalla comme séjour des morts était censée située au nord, du côté de la nuit, et chez les chrétiens mêmes ce fut longtemps le côté préféré pour les cimetières, les charniers et les chapelles de Saint-Michel.

C'est aussi de ce côté-là que la dame noire du Heisenstein fait ses promenades nocturnes. Si on ne la voit jamais, ou rarement du moins, c'est apparemment parce qu'elle est noire ; mais plus d'une fois, dit-on, les habitants de ce côté de la ville l'ont entendue, au moment où elle passait près du Hellenbrünnlein, s'écrier d'une voix solennelle : O éternité ! ô la longue éternité ! *(O ewigkeit ! o du lange ewigkeit !)*

Cette exclamation est évidemment une substitution chrétienne dont l'idée aura été suggérée par le nom du canton ; et voilà comment l'antique déesse de la nuit et des morts ne fut plus finalement qu'une pauvre âme damnée.

Chaque mois, pendant que la lune se détourne du

soleil qui approche ou qui s'éloigne, elle nous montre les cornes de son croissant. C'est la vache Io de la fable, ou Isis métamorphosée en vache par Jupiter et faisant le tour du monde, toujours piquée par un taon qui ne lui donne pas un moment de répit. Serait-ce par hasard cette vache-là qui nous aurait donné notre aimable *nachtkalb?* Nous comprendrions alors aussi pourquoi le veau nocturne, que l'on rencontrait quelquefois le soir, lorsqu'on sortait à une heure indue, couché au coin d'une rue, pourquoi ce gentil veau se mettait à grossir, mais à grossir au point de vous intercepter enfin le passage : il faisait comme la lune. Or, prenez garde que votre tête aussi ne vous fasse la pleine lune, en se montrant par trop curieuse! On en a des exemples.

Un bourgeois qui, en rentrant un soir, avait rencontré le veau nocturne et l'avait pris pour un autre, c'est-à-dire pour un autre veau, l'avait amené dans son étable. Mais voilà qu'au bout de quelques jours déjà ce fut une belle génisse; puis après quelques jours encore la génisse devint si grosse et si grasse, qu'elle ne pouvait plus se tenir debout. Apparemment que la lune était dans son plein. L'histoire ne dit pas si la vache, après cela, diminua de même pour redevenir génisse, veau, ombre de veau; mais on doit le supposer.

Aujourd'hui que la ville est parfaitement éclairée... au gaz, on ne rencontre plus de veau nocturne faisant la police en ronflant couché au coin d'une rue. Singulière police assurément, mais peu coûteuse du moins, et que l'on serait parfois tenté de regretter.

On lit encore dans la mythologie que la vache Io, pour retourner en Égypte, traversa à la nage toute la Méditerranée. C'est la lune revenant par-dessous terre et mer à son point de départ. Nous avons ici le pendant de cette fable, avec cette différence seulement que le monde de nos ancêtres se bornait au territoire de la marche. Ainsi l'on raconte qu'une vache était tombée un jour dans le lac du Ballon. Or, comme il est bien entendu que le lac n'a point de fond, la pauvre pécore descendit, descendit toujours, mais toujours suivie au-dehors par son gardien qui entendait sous terre le tintement de la clochette, jusqu'à ce qu'il la vît reparaître enfin à Isenheim, d'où il la ramena le lendemain sur la montagne.

Remarquons le nom de la localité. C'est encore à Isenheim que fut repêchée la femme de saint Gangolf, laquelle, au dire d'une autre légende, avait été cousue par son mari dans une peau de vache et jetée dans la Lauch, en punition de son infidélité.

C'était une métamorphose comme une autre.

Osiris, le dieu-soleil, était représenté tantôt par un taureau, tantôt par un homme coiffé d'une mitre égyptienne et tenant un fouet à la main. Il épousa Io lorsqu'elle partit d'Égypte pour commencer sa course.

Voici maintenant une légende dont le sujet nous apparaît encore comme une réminiscence du gracieux couple de la mythologie. Il s'agit de la vache errante du Hoffrieth, montagne au fond de la vallée, derrière le Mordfeld. Autrefois, dit la légende, chaque fois que les pâturages du Hoffrieth étaient éclairés par la lune, on y voyait courir une vache montée par son gardien, un homme à grand chapeau qui ne cessait de fouetter la pauvre bête. C'était une course effrénée que rien ne pouvait arrêter ni ralentir, et à laquelle ce malheureux avait été condamné en punition de sa cruauté, pour avoir de cette manière éreinté une vache. Un jour on fit venir un religieux pour conjurer l'esprit et délivrer le Hoffrieth de cette apparition; mais le religieux ne put rien faire et déclara qu'il fallait en appeler un autre, de Haguenau, ayant plus de pouvoir que lui. On envoya quérir le saint homme, et celui-ci parvint du moins à faire parler le vacher au moment où il franchissait cette crête de rochers qui couronne la montagne. « Inutile ! » s'écria le fantôme. « Plus d'arrêt pour moi jusqu'à la fin des temps, et déjà trois fois, depuis que ma course dure, cette montagne a été forêt et gazon ! » *(wald und wasen).* Il n'avait pas cessé de parler, que déjà il avait disparu derrière les rochers.

Remarquons bien que le Hoffrieth forme ici l'horizon de la vallée du côté du couchant, de même que l'empreinte du *buchstritt* au Bel nous marque, à l'horizon opposé, le point d'où s'est élancé le taureau, c'est-à-dire le point de départ du soleil levant.

Quand la lune, cette reine de la nuit, traverse le ciel, c'est toujours entourée de son brillant cortége d'étoiles. C'est encore ici notre bonne déesse qui passe, mais accompagnée de son cortége de petits enfants non baptisés, tous portant des cruches, et l'eau qui en dégoutte est la rosée de la nuit. Les petits anges que vous entendez chanter dans l'intérieur du Heisenstein, si vous appliquez l'oreille contre le rocher, pourraient bien appartenir à la même famille, à moins qu'ils n'appartiennent à l'ondin, personnifiant ainsi les flots de la rivière, ou plutôt le bruit des flots.

Ce mythe de Berthe, la déesse au cortége de petits enfants, a fourni le sujet d'une des plus gracieuses légendes d'Allemagne. Le lecteur nous saura gré de la reproduire ici :

Une mère, qui ne pouvait se consoler de la perte de

son nouveau-né, était allée un soir pleurer sur sa tombe encore fraîche. Après avoir versé un torrent de larmes elle aperçut, au clair de la lune, dame Berthe qui passait à quelque distance de là, suivie d'une foule de petits enfants qui portaient chacun une cruche d'eau. Elle regarde et voit venir enfin, après tous les autres, un pauvre petit à la robe toute trempée, portant ou plutôt traînant sa cruche pleine, pouvant à peine suivre, et en ce moment même arrêté par une haie que lui seul ne parvenait pas à franchir. La mère jette un cri ; elle a reconnu son enfant ; elle court à lui, et comme elle le soulève pour l'aider à franchir l'obstacle : « Ah ! dit l'enfant, que le bras d'une mère est chaud ! *(Ach wie warm ist mutterarm!)* Mais ne pleure pas tant, mère, car vois-tu ? tes larmes font déborder ma cruche, et ma robe en est déjà toute trempée. »

A partir de ce soir la pauvre mère ne pleura plus.

Comme déesse de la nature avec sa couronne de feuillage, Isis avait encore son symbole dans le règne végétal. Parmi les arbres c'était le tilleul, qui a plus que tout autre la propriété de reverdir encore, s'il vient à perdre avant le temps son premier feuillage. Parmi les fleurs c'était, en Orient, la rose de Jéricho, surnommée fleur de la résurrection, et en Occident le lis, autrefois symbole de l'espérance au même titre que l'autre fleur, mais devenue chez les chrétiens le symbole de la pureté. Néanmoins à la rose de Jéricho, qui ne croît pas en Europe, on ne tarda pas à substituer la rose proprement dite, en sorte que rose et lis furent confondus enfin dans un même symbolisme. N'avait-on pas d'ailleurs la rose remontante ? Quant au lis, on sait, ou plutôt on ne sait généralement pas que les liliacées ont la propriété de refleurir en quelque sorte sur leur tige desséchée, si la plante se trouve placée dans les conditions voulues de température et d'humidité. C'est ainsi que nous avons vu naguère, en 1864, à Ungersheim, deux bouquets de lis que l'on avait placés dans les mains d'un Christ le jour de la Fête-Dieu, reverdir au mois de Septembre, et les pistils se développer tellement qu'on les eût pris, avec leur teinte blanche, pour autant de lis prêts à éclore.

Dans la nuit de Noël on fait éclore la rose de Jéricho.

En changeant de signification sous l'influence des idées chrétiennes, *blanchefleur* a passé de la main d'Isis dans celle de la Sainte-Vierge, où nous la retrouvons encore sur le portail de notre ancienne église de Saint-Léger. En face de cette même église un des plus anciens hôtels de Guebwiller a pour enseigne la Fleur.

Quant au tilleul symbolique, on raconte encore qu'un géant de l'espèce, contemporain du vieux monument, ombrageait autrefois la place de Saint-Léger, abritant sous son manteau de verdure les vivants et les morts, lorsqu'un jour on le vit perdre tout-à-coup son feuillage, et cette fois, séché au pied, il ne reverdit plus.

V.

Les Spectres.

Les déesses noires, considérées comme telles, étaient donc avant tout une personnification de la nuit, de l'hiver, du séjour des morts; mais en tant qu'elles personnifiaient la lune, elles reprenaient le plus souvent la couleur blanche, en sorte que la nuit a sa dame blanche comme le jour. Néanmoins, comme la lune a aussi ses phases, son côté obscur, on la personnifiait quelquefois dans une divinité qui réunissait les deux couleurs opposées. De là, dans les légendes populaires, ces fantômes blancs ou noirs à mi-corps seulement, ou alternativement blancs et noirs. Le peuple en a fait des âmes en peine ayant encore quelque péché à expier, quelque injustice à réparer, par conséquent une tache, une souillure à effacer; et en attendant les voilà errantes sur la terre, pas assez blanches pour le ciel, pas assez noires pour l'enfer, soupirant toujours après l'heure de la délivrance, après cet heureux moment où, blanches et pures, il leur sera donné enfin de prendre l'essor pour s'envoler au séjour de la béatitude. Heureux, trois fois heureux celui qui, en payant pour une de ces pauvres âmes, l'aura délivrée! On a vu combien ce serait facile à l'occasion, si l'on était assez pur soi-même, assez persévérant surtout et assez prudent pour ne pas tout gâter par un rien, par un mot peut-être. Quoi d'étonnant aussi, si dans la plupart des cas on ne réussit pas? Il est des cas néanmoins où l'on a réussi. En voici un exemple :

On voyait autrefois, sur le flanc méridional du Petit-Ballon, dans un pli de terrain où coulait une source, une jolie ferme qui avait sa légende comme les autres. Cette ferme n'existe plus, mais la source coule encore, et la légende aussi.

Depuis longtemps le fermier du Petit-Ballon avait dû renoncer à engager à son service aucun garçon qui ne fût d'un certain âge, car dès qu'un adolescent encore innocent et pur venait à coucher dans la ferme, il n'y avait plus moyen d'y dormir en paix. C'était pendant la nuit un vacarme affreux devant la porte. On eût dit qu'un démon en voulait à l'innocence abritée sous ce toit.

Un jour, comme le soleil allait se coucher, un jeune Suisse, que nous appellerons Nicolas, se présente au Petit-Ballon et demande à entrer en condition. Le fermier aurait justement besoin d'un domestique, et l'on conçoit qu'il n'en arrive pas tous les jours sur ces montagnes ; mais l'âge du jeune homme, sa bonne mine, son air honnête et candide, voilà pour le maître autant de motifs de refus. Il le refuse donc, ne consentant à le garder que pour cette nuit, car le pauvre garçon est recru et harassé, et le jour est sur son déclin. Du reste on ne lui cache pas les raisons qui empêchent de le recevoir.

« Oh! qu'à cela ne tienne! » répond Nicolas. « Je ne crains rien, avec la grâce de Dieu. »

Le fermier haussa les épaules, comme s'il eût voulu dire : « Pauvre enfant! demain tu ne parleras plus ainsi. » Puis il lui fit servir une jatte de lait avec du pain et du fromage, et lui indiqua le réduit où il devait prendre son gîte.

Nicolas n'eut pas plus tôt soupé, qu'il sentit le besoin d'aller se coucher, et il ne fut pas longtemps à attendre le sommeil. Mais voilà qu'au milieu de la nuit il se réveille tout-à-coup. Il croit avoir entendu du bruit ; il écoute, retient l'haleine, écoute encore, et bientôt il entend droit au-dessus de lui quelque chose qui descend à pas précipités le long des bardeaux du toit ; puis à peine ce bruit a-t-il cessé, qu'un autre bruit commence : on frappe à coups redoublés à la porte de la ferme.

« Patience! » crie le jeune homme en se frottant les yeux, « et un peu doucement, s'il vous plaît! » et il se lève et va ouvrir la porte.

Un spectre se tenait là, blanc comme neige jusqu'au

dessous de la poitrine, mais le bas du corps noir comme un ramoneur.

« Faut-il être pressé ! » dit Nicolas en considérant cet étrange visiteur ; « mais entrez toujours et soyez le bienvenu, avec la grâce de Dieu. »

Le spectre, sans mot dire, entre, et montrant au garçon une pelle qui se trouve là dans un coin, il lui fait signe de le suivre.

« A votre service, avec la grâce de Dieu ! » répond Nicolas, et il se laisse conduire jusqu'à un endroit de la ferme où le spectre l'invite du geste à creuser. Il obéit, en ayant soin seulement de répéter, à chaque ordre qu'il reçoit, sa formule accoutumée : avec la grâce de Dieu.

Bientôt le terrain creusé rend un son qui semble annoncer une cavité, puis la pelle commence à crier en frottant sur un corps dur, et quelque chose comme un couvercle apparaît au fond du trou. Sans attendre de nouvelles indications, Nicolas redouble d'ardeur et parvient enfin, non sans effort, à dégager une caisse. Aussitôt il la soulève, l'attire à lui et la traîne auprès du foyer ; puis, enfonçant le tranchant de sa pelle sous la serrure disloquée, et pressant sur le manche, il fait sauter le couvercle. La caisse est remplie jusqu'au bord de beaux écus d'argent. Nicolas renverse cet argent sur le sol, et le comptant à la lueur de la flamme, il en fait trois parts égales. « Voici d'abord, dit-il, la part de l'Église ; puis voici la part des pauvres, et ceci c'est pour votre serviteur, avec la grâce de Dieu. » Et chaque fois qu'il regardait le spectre comme pour lui demander son assentiment, le spectre souriait et la partie noire diminuait, si bien qu'à la fin il parut blanc comme neige et craie *(schneekreidenweiss)* de la tête aux pieds, après quoi il s'évanouit en laissant au cœur du jeune homme une impression ineffaçable de son dernier sourire.

Avec sa couronne de feuillage et ses nombreuses mamelles, Isis, la grande déesse de la nature, personnifiait aussi la terre, cette mère nourricière des animaux et des plantes, à peu près comme Hertha, Hretha ou Gretha, la personnifiait chez les Germains. Mais sur la terre aussi règnent alternativement le jour et la nuit, l'été et l'hiver. La divinité sera donc également représentée tantôt blanche, tantôt noire. Pendant la froide nuit de l'hiver ce sera cette belle captive enfermée dans une sombre tour où elle est gardée par un dragon, en attendant qu'un héros, le dieu-soleil du printemps, vienne la rendre à la lumière et à la liberté. Pendant sa captivité la princesse s'occupe à défaire la nuit ce qu'elle a fait le jour, pour recommencer sa trame le lendemain, de même que l'hiver ne cesse de défaire le travail de l'été. C'est la toile de Pénélope chez les Grecs, c'est chez nos ancêtres l'écheveau non encore dévidé que Gretha, la dame noire de la nuit de Noël *(die schwarze Greth),* vient embrouiller ou déchirer.

La déesse habite aussi dans l'arbre sacré, dans le chêne ou dans le tilleul, dont elle est comme l'âme ou la dryade. Là aussi elle file ou tisse, figurant ainsi le travail de la nature dans le phénomène de la végétation. Elle y soupire après l'heure de sa délivrance, et cette délivrance consiste à sortir de l'arbre, de ce *corps de mort,* pour monter dans un règne supérieur en s'unissant à un corps vivant. Plus d'une légende s'est inspirée de ce mythe, et c'est au fond toujours la même idée : une délivrance longtemps attendue et préparée finalement manquée, par conséquent ajournée de nouveau jusqu'à ce qu'un autre arbre ait poussé et grandi jusqu'au dernier degré de son développement.

D'après une tradition recueillie par notre chronique, les châtelains d'Angreth, à l'époque où Guebwiller travaillait à ses fortifications, venaient chaque nuit renverser ce que l'on avait édifié le jour, « et cette misère dura longtemps », ajoute le chroniqueur. Vint enfin l'abbé de Murbach qui mit le siège devant le château, le prit et le détruisit de fond en comble. En reconnaissance de ce service, la jeune cité délivrée se donna à son libérateur.

Est-ce de l'histoire ou de la légende? Il faut croire qu'il y a un peu de l'un et de l'autre.

Qui ne se rappelle ici quelques-uns de ces noms mythiques, noms de dieux ou de héros, sous lesquels s'est successivement personnifié le soleil? Et ne voyons-nous pas la légende elle-même emprunter à l'antique symbolisme ses couleurs et ses images, comme par exemple en faisant de saint George un vainqueur de dragon, ou bien en plaçant le dragon à côté de sainte Marguerite? Le sens mystique de ce symbolisme est facile à deviner : tantôt c'est la figure d'une âme que le démon cherche à retenir dans les ténèbres de l'erreur ou dans les liens du péché; tantôt c'est l'état de l'humanité encore assise dans les ombres de la mort et attendant la venue de son libérateur, de ce soleil de justice qui doit être la lumière du monde.

Avec le libérateur revient aussi ce couple mythique dans lequel le soleil et la lune, ou plutôt le soleil et la terre nous apparaissent réunis. C'est ce même couple qui de mythe en mythe, de légende en légende, s'est perpétué jusqu'à nos jours sous ces deux noms si souvent accouplés de Hans et Greth, noms qui dans nos contes populaires résument en quelque sorte les deux sexes. On n'a pas oublié que saint Jean a pris la place d'Odin. Puis c'est encore le sens de cet autre couple que nous avons déjà rencontré à Saint-Gangolf : le coucou et la chouette, cette dernière remplacée quelquefois par le pic noir, espèce de corneille dite oiseau de sainte Gertrude. Ne faut-il voir enfin qu'un pur hasard dans ce fait que notre Val des Corneilles se trouve à côté du Schimmelrain, et que le château en face, entre le Schimmelrain et le Heisenstein, est ce même château d'Angreth dont nous parlions tout-à-l'heure, et dont le nom s'écrivait autrefois *Ane Gert* et *Anegred* ?

Et maintenant voyez le chemin que peut faire une idée ! Ce grand mythe, cet antique symbolisme qui a pour point de départ le soleil et la terre, et qui s'est perpétué de siècle en siècle sous le couvert des plus grands noms de la fable et de l'histoire, il vient aboutir finalement, à quoi ? à une humble petite fleur.

Quelle est cette belle captive à l'œil d'azur, qui ne cesse de regarder le ciel à travers le tendre grillage de sa prison verte ? C'est la nigelle ou noirette, *nigella damascena*; c'est la princesse Marguerite, prisonnière de la tour, notre *Grethchen in der Hecke*.

On n'en finirait pas si l'on voulait recueillir toutes les légendes qui ont pour sujet l'histoire d'une âme en peine soupirant après sa délivrance. S'inspirant toutes d'un même souvenir, ces légendes, ou plutôt ces contes, forment comme autant de rameaux greffés sur le mythe antique. Partout on les rencontre, et partout ils se répètent, parce qu'ils expriment une idée chrétienne, la nécessité d'une expiation dans l'autre vie. Cette croyance universelle le peuple la traduisait ainsi en images poétiques, qui naissaient sous le souffle de l'inspiration chrétienne comme les fleurs d'une prairie sous la tiède haleine du printemps. Déjà nous avons vu la plupart des mythes prendre, en se rajeunissant toujours, un caractère moral de plus en plus prononcé et l'ancienne mythologie nationale, ainsi pénétrée et transformée par l'esprit chrétien, nous offrir une véritable poétique de la nature qui avait, elle aussi, sa flore et sa faune, et qui, pour peu qu'elle eût été cultivée, ne l'eût cédé en rien à celle de la Renaissance.

Une des imaginations du peuple les plus ordinaires, c'étaient les feux follets transformés en spectres de feu. Quelle est la contrée, le village qui n'ait eu son spectre, son âme errante et brûlante? Et remarquons bien que c'est presque toujours le même délit qui est imputé au délinquant : le malheureux s'est permis de déplacer une borne.

Vous revenez de Murbach à l'heure du soir, au moment où les derniers sons de l'angelus expirent dans la montagne. On n'entend plus que le bruissement du feuillage et le murmure du ruisseau, et la nuit commence à répandre toutes ses ombres sur la vallée. Vous venez de dépasser la Croix de Barnabas. Que cherche là-bas, dans la prairie, ce fantôme inquiet que l'on voit courir de côté et d'autre, plus noir que blanc, et portant un bloc rouge tout embrasé, tout étincelant? Cette lourde masse qui ne cesse de lui brûler les mains et de lui rôtir les épaules, et dont il ne sait comment se débarrasser, c'est une pierre, une borne que de son vivant il est allé un jour, à pareille heure, reculer de sa place ; et maintenant il voudrait l'y voir remise, car autrement, point de repos pour sa pauvre âme !

Un soir quelqu'un passait près de là. « Où faut-il la mettre? où faut-il la mettre? » lui criait le spectre en accourant comme désespéré.

«Remets-la où tu l'as prise,» répondit le passant, et là-dessus le spectre lui présenta la main. Mais l'autre n'eut garde de la saisir et se contenta de lui donner à serrer le bout de sa canne. Quel ne fut pas son étonnement lorsque, rentré chez lui, il s'aperçut, en la déposant, que sa canne portait l'empreinte de cinq doigts de feu !

Et tous ces petits géomètres que vous voyez la nuit, par un froid glacial, par un vent qui vous cingle la figure, s'agiter autour de la tête du Ballon, arpentant le terrain en long et en large, mesurant les hauteurs et les profondeurs, allant, revenant, courant sans cesse de côté et d'autre, qu'ont-ils donc fait?

Des annexions, sans doute!

VI.

Les Sorcières.

Il nous reste encore à rechercher les traces de la compagne de Balder, quelques vestiges de la déesse du Bollenberg.

La divinité qui vient naturellement se placer à côté de Phol comme personnification du principe féminin, de la terre fécondée par le soleil, c'est Folla ou Fulla, la déesse de l'abondance, la dame Habonde de la légende. C'était l'antique Isis sous un autre nom. D'ailleurs le mot *fulla* se prenait déjà, comme le mot *hertha*, dans le sens de terre, mais surtout dans le sens de terre cultivée, fertile, tandis que *hertha* paraît avoir désigné plutôt une terre boisée. Nous trouvons une Haardt en-deçà du Bollenberg, une Pfuel au-delà, du côté de la plaine.

La nature ou plutôt la couleur du terrain ne semble pas avoir été pour rien dans le choix des montagnes à consacrer à certaines divinités, notamment en ce qui concerne Balder et Thor, tandis que pour d'autres, comme pour Odin et Isis, en tant du moins qu'ils représentaient le jour et la nuit, on devait regarder avant tout à la situation du lieu. Nous avons déjà fait remarquer, sous ce rapport, une certaine analogie entre la vallée de Guebwiller et celle de Massevaux. Pour peu que l'on veuille étudier cette dernière vallée, on lui trouvera encore plus d'un point de ressemblance avec la nôtre, surtout si l'on comprend dans le cercle de ses études, comme nous l'avons fait ici, les deux petites vallées latérales. C'est ainsi que dans celle de Rougemont nous retrouvons saint Pierre avec une histoire de dame blanche et de dragon (1); dans celle de Bourbach, avec saint Michel au pied du Rossberg, saint George et saint Apollinaire; dans celle de Massevaux enfin, avec la montagne du Schimmel, le *Lac aux Étoiles (Sternensee)*, nom qui nous rappelle notre Chariot-d'or (2), quoiqu'on l'explique autrement.

---

(1) Dans la gueule de ce dragon se trouve une clef, ce merveilleux passe-partout qui, comme la clef de saint Pierre, ouvre tous les trésors, et qui fut appelé pour cela *dietrich*, en souvenir du Dietrich de la légende, qui vint remplacer saint Pierre comme celui-ci, avec sa clef et en partie à cause de sa clef, avait remplacé Thor, l'idole au marteau.

(2) Une variante de la légende du Chariot-d'or, que nous n'avions pas remarquée jusqu'à présent, se trouve aussi dans le recueil de M. Aug. Stœber (*Sagen des Elsasses*). C'est le Chariot d'or de la *Firstmiss*, dans la vallée de Munster. Il est tiré par trois frères, les trois étoiles qui forment le timon du Grand-Chariot.

Il y avait autrefois sur le Bollenberg une chapelle dédiée à sainte Apolla. Aujourd'hui encore, sainte Apollonie partage avec saint Sébastien le patronat de l'église de Soultzmatt. Cette chapelle doit avoir servi aux gens d'Orschwihr, alors que leurs habitations se trouvaient encore dispersées par petits groupes autour de la montagne. A moins que la sainte elle-même n'ait laissé son nom au Bollenberg, ce qu'il est assurément permis de supposer, cette seule analogie des noms était un motif suffisant pour préférer ici sainte Apollonie à toute autre patronne. Au reste, notre sainte appartient à la légende chrétienne, et son culte à Soultzmatt n'offre rien de particulier, rien qui puisse être considéré comme un usage emprunté à un culte antérieur. Tout, dans le culte de sainte Apollonie, trouve son explication dans la légende même. Force nous est donc de nous contenter de la similitude des noms, pour nous expliquer le choix de sainte Apollonie ; et d'ailleurs nous ne devons pas perdre de vue que si nos plus anciens patrons nous sont venus avec les premiers apôtres de la contrée, le christianisme, à cette époque, avait déjà plusieurs siècles derrière lui. Or, la plupart de ces saints, comme aussi la sainte martyre d'Alexandrie, étaient alors depuis longtemps vénérés dans l'Église.

Ce qui caractérise donc proprement le Bollenberg, c'est surtout sa réputation de montagne aux sorcières. La Hexenmatt de Guebwiller ne nous rappelle rien de semblable ; tout au plus si le Chemin des voleurs *(Diebsweg)* qui y conduit, c'est-à-dire le chemin de la grève, nous indique ce que notre Pré-aux-sorcières a dû être dans le bon vieux temps. Voilà ensuite le Hexenbuckel du Geffenthal. Mais celui-là encore n'est jamais hanté par plus de deux sorcières que l'on peut y voir danser ensemble, si l'on a bon œil ; langage figuré pour signifier la danse des deux vents d'un tourbillon. Aussi tenez-vous bien sur vos jambes, ou plutôt passez vite, de peur qu'une force invisible ne vous saisisse, vous entraîne et, après vous avoir fait pirouetter un instant, vous lance au loin dans les broussailles. Mais voilà tout.

Pour le Bollenberg c'est autre chose. Là, en effet, toutes les sorcières du pays se donnent rendez-vous, et elles semblent y être chez elles, comme dans leur domaine, soit qu'elles attisent la flamme sous la chaudière où déjà bouillonne et se brasse la tempête, soit qu'elles tamisent la neige au haut des airs pour la semer en flocons sur la campagne, ou qu'elles exécutent ensemble, sur la hauteur voisine, une ronde joyeuse autour du Ringelstein. On prétend même que la pierre alors se redresse et se tient debout, comme une colonne, pendant tout le temps que dure le sabbat. Que dirons-nous enfin de ces concerts nocturnes, de ces sérénades données à la lune et que l'on serait tenté de croire exécutées par une de ces troupes de virtuoses dont les brillantes modulations ont mérité d'être chantées par Boileau ?

> L'un miaule en grondant comme un tigre en furie ;
> L'autre roule sa voix comme un enfant qui crie.

C'est le cas de nous rappeler ici que les anciennes divinités personnifiaient presque toujours quelque phénomène de la nature, qui le soleil ou la terre, qui l'air ou l'onde, qui le vent ou le nuage. Ce que nous disons des sorcières, par manière de plaisanterie, nos ancêtres en faisaient honneur le plus sérieusement du monde à leurs divinités. Cette tempête qui se prépare et cette neige qui se tamise, c'était l'œuvre d'Odin et de Frigga ; cette ronde dansée autour d'une pierre, c'était le mouvement apparent des astres autour de la terre, ronde simulée dans le culte par des danses religieuses ; enfin il n'est pas jusqu'à cette métamorphose de nos sorcières en chattes qui ne rappelle l'ancienne déesse de l'air, Berthe ou Freya, avec son attelage de deux chats figurant sans doute le vent qui miaule.

L'influence bénigne ou maligne des éléments, ou des divinités qui les personnifiaient, fut attribuée dans la suite aux prêtres et aux prêtresses de ces mêmes divinités. Pour conserver leur influence et leur prestige, prêtres et prêtresses finirent, comme en Égypte, par faire profession de magie et de sorcellerie, et Odin lui-même nous apparaît, dans les chants des bardes, comme le grand magicien qui se vante de posséder le secret de tous les maléfices. A vrai dire, il n'était plus alors que le Satan du paganisme en décadence, l'idole d'un fétichisme exploité par des jongleurs, comme celle que l'on adore encore aujourd'hui dans la plupart des pays idolâtres.

De la magie, noire ou blanche, devaient sortir ainsi les sorciers et les sorcières. Les valkyries, ces furies d'Odin, nous apparaissent déjà comme autant de sorcières de la pire espèce, lorsque nous les voyons, à la veille d'une bataille, tisser des entrailles humaines sur un métier tout ruisselant de sang, en s'accompagnant de chants de guerre.

La magie était donc un reste de paganisme, une sorte de renaissance de l'ancien culte de la nature. La sorcellerie, de son côté, peut être regardée comme le paganisme se survivant à lui-même à l'état de société secrète. Il est à présumer aussi que l'usage des réunions nocturnes s'est maintenu plus longtemps parmi les femmes, plus attachées que les hommes aux pratiques superstitieuses de l'ancien culte. Prohibées par les autorités chrétiennes, ces réunions, avec leurs rites, leurs sacrifices et leurs orgies, n'en furent certainement pas plus morales, et l'on sait ce qu'étaient déjà, chez les païens, les saturnales et les bacchanales en plein jour. Il est fort probable que les dernières réunions de ce genre, dans notre contrée, se sont tenues sur le Bollenberg, et c'est ce qui lui aura valu sa réputation de montagne aux sorcières.

On se rendait à ces réunions nocturnes par des chemins détournés, avec les victimes et les ustensiles servant aux immolations, et plus d'un enfant chrétien, dérobé à sa famille, dut accompagner au sacrifice, pour n'en plus revenir, ces fanatiques adhérents de la religion nationale. On sait que ces enlèvements d'enfants furent un des crimes le plus souvent imputés aux sorcières, et ces animaux et ces ustensiles durent leur servir, dans l'imagination du peuple, de monture pour se rendre au sabbat. De même que les prêtresses, devenues magiciennes à leur tour, avaient supplanté les anciennes divinités, les sorcières prirent la place des anciennes prêtresses. C'est ainsi que nous voyons encore passer devant nos yeux, dans nos histoires ou procès de sorcières, tout cet étalage de symboles qui constituait autrefois le culte de la nature ; ces vaches que l'ancienne prêtresse venait désigner pour l'immolation, regardées comme ensorcelées, le bouc devenu diable et la chatte sorcière, de symbole qu'ils étaient, puis ces oies, ces coqs noirs et ces chiens noirs, avec tout l'attirail du sacrifice, la chaudière, le trépied, la broche, la fourche, le balai, etc., sans parler des diverses plantes, racines, et autres ingrédients.

Cette longue persistance du culte de la nature nous démontre une fois de plus, combien ce culte s'était profondément enraciné dans les mœurs, et pourquoi ?

parce que c'était le culte de la nature au service de l'erreur, parce que l'homme déchu y trouvait la justification de tous ses plus mauvais penchants. Sous les apparences d'un culte divin c'était au fond toujours le culte de l'homme, qui s'en était constitué lui-même le prêtre et l'idole. Ces bénédictions de l'Église qui varient suivant les temps et les lieux, bénédictions d'animaux, de plantes ou de fleurs, n'avaient souvent d'autre but, dans l'origine, que de substituer à quelque superstition un usage innocent et chrétien ; et ici encore la religion, avec la poésie de son culte de la nature sanctifiée, n'a fait que répondre à un besoin du cœur de l'homme, enfant de la nature par son corps. Ah ! si l'on se fût toujours borné au culte de la nature ! Mais l'homme était déchu, et au Dieu de la nature s'était substitué un autre Dieu, à qui il fallait par conséquent d'autres hommages et d'autres victimes. Comment ne pas admettre aussi, pour l'honneur même de l'humanité ou pour son excuse, que l'homme était réellement quelquefois sous l'empire d'une puissance surnaturelle, manifestant sa présence jusque dans les pratiques de la sorcellerie, comme autrefois dans les oracles et dans les mystères, comme aujourd'hui dans les évocations des tables tournantes, dans les pratiques occultes et dans les initiations du paganisme moderne. C'était là comme le côté satanique de l'idolâtrie, et de nos jours encore, pour peu que l'on veuille faire attention à tout ce qui se dit, s'écrit, se fait et se trame contre l'Église de Dieu, on se persuadera difficilement que l'homme, si pervers qu'on le suppose, ait pu trouver tout cela dans son propre cœur.

Il n'en est pas moins vrai, après cela, que la croyance aux sorcières, telle qu'elle s'est formulée, a été une des plus tristes aberrations de l'esprit humain, et l'on pourrait ajouter que la répression du délit, telle qu'elle s'est pratiquée, a été une aberration plus triste encore que la sorcellerie même. Cette épidémie morale a sévi avec le plus de fureur dans les pays du Nord, où les souvenirs du paganisme étaient plus récents, et chose étrange! la grande commotion religieuse du seizième siècle, qui a si profondément ébranlé et divisé l'Europe chrétienne, loin d'ébranler le préjugé à l'endroit des sorciers et des sorcières, sembla bien plutôt le raffermir. Au milieu des guerres et des discussions, il y eut de part et d'autre comme une recrudescence de procès, et ce ne fut que longtemps après que l'on ouvrit enfin les yeux sur les abus de la procédure criminelle, grâce surtout aux courageux efforts du jésuite Frédéric Spée.

Autres temps, autres superstitions. Aux préjugés religieux ont succédé les préjugés irréligieux, le fanatisme anti-religieux, et qui oserait gager que ce même Frédéric Spée, s'il vivait encore, ne fût accusé de maléfice par beaucoup de gens qui se prétendent éclairés de toutes les lumières de la civilisation moderne?

Le peuple aussi, de son côté, n'approuvait pas toujours ce zèle outré, intéressé peut-être, de certaines autorités qui ne semblaient plus voir autour d'elles que maléfices et sortilèges. Ce sentiment de désapprobation semble avoir inspiré la légende que voici :

Une jeune femme de Guebwiller fut un jour condamnée pour crime de sorcellerie. Or, elle était innocente comme beaucoup d'autres. Arrivée au pied du bûcher fatal, elle y monte avec calme, sans se plaindre, sans murmurer, se contentant de prier, les yeux levés vers le ciel. Bientôt le feu pétille, la flamme s'élance et enveloppe la victime. Mais au moment même où celle-ci expire, on voit sortir de la fumée trois blanches colombes qui s'envolent et disparaissent dans les cieux.

C'est à cet événement que l'on fait remonter l'origine de la *Croix de bois*.

Quant à ce nombre de trois colombes, il faut se rappeler que nos ancêtres donnaient à chaque âme deux génies tutélaires, et c'est ce qui nous explique ce passage d'un refrain populaire, conservé parmi les enfants :

Es gehn zwei engele mit der licht.

Quelquefois aussi c'était un bon génie et un mauvais, comme dans la ballade de Bürger.

Si les hommes se sont de tout temps moins adonnés que les femmes aux pratiques de la sorcellerie, c'est apparemment parce que le caractère et le tempérament de la femme s'y prêtait mieux. Il devait en être de ce métier-là comme aujourd'hui de celui de dormeuse, de tireuse de cartes ou de médium. Les sorciers cependant n'ont pas laissé de faire parler d'eux dans la contrée. On les trouvait le plus souvent parmi les fermiers de nos montagnes; mais ils pratiquaient surtout la magie blanche, et ils prétendaient aussi guérir les bestiaux ou connaître les vertus des plantes. Dans leur isolement loin de toute habitation ils sentaient d'ailleurs le besoin de s'entourer d'un certain prestige, et leurs prétendus sortilèges semblaient avoir pour principal but d'en imposer aux voleurs.

Un jour le fermier de l'Oberlauchen, anabaptiste en grand renom de sorcellerie, vit sa ferme envahie par une bande de voleurs qui le sommèrent de leur compter sur table tout son avoir en argent. Le fermier, sans se déconcerter, les invite à se mettre à table, leur sert d'abord du lait, du pain et du fromage, et puis, quand tout est servi, il va chercher et pose sur la table un sac d'écus;

mais en même temps il fait un charme sur les voleurs qui a pour effet de paralyser tous leurs membres.

Ils avaient eu soin de se noircir la figure, mais avant de les renvoyer le matin on les débarbouilla. Histoire du spectre noir.

Voici un autre rameau détaché du même arbre :

De la ferme de l'Oberlauchen un chemin des plus agréables vous conduit par de belles forêts sur les hauteurs de Linthal, dans la direction du Petit-Ballon. Au milieu de ces forêts s'ouvre une clairière où vous pouvez distinguer encore, à côté d'une fontaine, les traces d'une ancienne construction. C'était le Dahfelsen.

Autrefois, lorsqu'un habitant de ces hautes fermes venait à mourir, on l'enterrait au pied d'un arbre, sur le tronc duquel on clouait ensuite une croix de métal. A mesure que l'arbre grossissait, la croix s'enfonçait dans son cadre d'écorce et finissait ainsi par y disparaître. Aussi nos bûcherons ont-ils déjà rencontré plus d'une de ces croix sous la dent grinçante de leur scie.

Un vieux hêtre, qui avait depuis longtemps enveloppé sa croix, marquait au Dahfelsen la place d'une tombe au bord du chemin, et jamais on ne passait là sans se raconter l'histoire de Catherine et de la Hache volée. C'est que Catherine avait pour mari un sorcier qui possédait, entre autres secrets, celui de faire revenir tous les objets qui lui avaient été volés. Il lui suffisait, pour cela, de faire tourner sa meule à aiguiser, et bientôt il voyait les objets partis rentrer l'un après l'autre au logis, comme tirés par une ficelle. Or, un jour que Catherine était allée au marché, le fermier, voulant fendre du bois, s'aperçut que sa hache était partie aussi. Ils avaient eu la veille, jour de dimanche, beaucoup de monde dans la ferme, et la hache, probablement, avait trouvé un amateur qui l'avait invitée à le suivre. Le fermier, qui avait besoin de son outil, résolut de le faire revenir, et aussitôt il alla faire tourner la meule. Voleur et hache se trouvaient alors à Lautenbach, très-embarrassés l'un de l'autre ; car dès que la meule du Dahfelsen commençait à tourner, la hache à Lautenbach se mettait à remuer, à danser, à sauter, à frapper à droite, à frapper à gauche, à heurter à la porte, comme si elle eût voulu sortir à toute force de la maison. Le voleur la regardait faire, d'abord étonné, puis inquiet, effrayé, troublé, et il n'aurait pas demandé mieux que de la rapporter immédiatement à son maître, s'il n'avait craint de se compromettre. Il craignait surtout de voir arriver à ce moment quelqu'un chez lui. Comme il regardait par la fenêtre pour s'assurer si personne ne venait, il vit passer Catherine qui s'en revenait de la ville. Il n'eut rien de plus empressé que de l'appeler et de lui remettre la hache, en s'excusant de son mieux à l'aide de quelque faux prétexte. Cependant la meule fatale tournait toujours, et elle tournait si bien que Catherine, se sentant de plus en plus poussée, sans trop savoir pourquoi, à rentrer au plus vite, pressait le pas, se hâtait et courait, tellement que lorsqu'elle arriva enfin, le cœur battant, hors d'haleine, tout essoufflée, au Dahfelsen, elle ne put plus dire un mot. La hache était retrouvée, mais Catherine, cette pauvre Catherine à la langue si déliée, si bien affilée, avait perdu la parole !

A partir de ce jour le Dahfelsen avait beau être volé, pillé, le fermier ne faisait plus tourner sa meule, de peur, ajoutent les malins, de voir revenir aussi une langue.

CHAPITRE V.

LES PETITES DIVINITÉS.

I.

Les Nains et les Lutins.

La raison humaine, pour s'éloigner, comme elle l'a fait, de la notion d'un Dieu tout puissant, éternel et infini, avait dû commencer par diviniser la nature elle-même en identifiant le Créateur avec son ouvrage. Et cependant la nature, avec ses merveilles sans nombre, n'avait pas cessé d'être là sous les yeux de l'homme comme un livre toujours ouvert, avec le nom de Dieu écrit à chacune de ses pages. Mais avec l'idée d'un Être suprême, distinct de la création visible et principe de toutes choses, s'était aussi perdue l'intelligence de cette langue admirable de la nature qui parle à l'esprit par tous les sens. Dieu n'est nulle part s'il n'est partout. Perdre la connaissance du vrai Dieu, de ce Dieu partout présent avec toute son infinie sagesse, c'était donc, pour ainsi dire, perdre Dieu lui-même; ce qui n'empêchait pas que son invisible présence ne continuât de se faire sentir au cœur de l'homme et de s'imposer à sa raison. Seulement, au lieu de remonter sans cesse à la cause première, en attribuant à un seul et même auteur le spectacle si varié des phénomènes de la nature, l'homme, toujours à courte vue, imagina pour chaque phénomène une autre cause, une divinité personnelle, quoique subordonnée. Et comment la raison, ainsi dévoyée, ne serait-elle pas arrivée jusqu'à cette conséquence? La nature une fois confondue avec Dieu, il fallait bien supposer des causes différentes à des effets si contraires, à des forces si opposées, si ennemies, en apparence, comme l'étaient celles que l'on voyait partout se combattre et s'exclure. Et en effet, comment cette nature, si elle était Dieu, pouvait-elle être en opposition avec elle-même? Comment s'expliquer, par exemple, ce perpétuel antagonisme qui semble exister entre le froid et le chaud, entre la lumière et les ténèbres, entre l'homme et la nature? Ainsi du panthéisme au dualisme il n'y avait qu'un pas, et c'était le premier pas fait dans le polythéisme. Chose singulière! c'est par la même porte, par la porte du panthéisme, que Dieu est sorti du monde et que tous les faux dieux y sont entrés.

Quand tout fut Dieu pour l'homme, excepté Dieu seul, et qu'ainsi l'on ne vit plus, en quelque sorte, le vrai Dieu nulle part, la nature, un moment vide, muette et sombre comme une nuit du désert, sembla vouloir se ranimer d'une vie nouvelle; mais elle ne pouvait plus se ranimer qu'à la manière d'un corps d'où l'âme est sortie, et l'on eût dit qu'elle entrait en décomposition, en se peuplant rapidement d'une multitude de divinités imaginaires. A mesure que Dieu se retirait, les idoles pullulaient. Plus un coin de la terre qui n'eût son dieu, son génie, et il semblait que la nature, réellement, avait horreur du vide. Plus d'une fois nous voyons les ténèbres de l'idolâtrie envahir jusqu'à la terre des prophètes et pénétrer jusqu'au foyer de la révélation divine, près d'en éteindre le flambeau. Il en fut du paganisme comme il en sera toujours de toute religion qui ne reçoit plus la vie du cœur, du centre vivifiant de la révélation ; car la vérité, comme la lumière du jour, a son foyer unique d'où elle ne cesse de rayonner sur toutes les intelligences qui se tournent vers ce divin soleil.

En se multipliant ainsi à l'infini pour remplir tous les coins et recoins de la création, et en se subordonnant les unes aux autres, il fallait bien que toutes ces déités se fissent petites à proportion, la place qu'elles prenaient étant d'ailleurs nécessairement en raison inverse de leur nombre. Après Odin étaient venus les Ases, d'origine asiatique comme lui ; après les Ases vinrent les Vanes, après ceux-ci les Géants ; puis voici venir les Génies, les Nains, les Elfs, toutes les petites divinités subalternes, avec toutes les qualités bonnes ou mauvaises dont leurs petites personnalités sont susceptibles.

Produit de l'imagination humaine, les dieux païens, grands et petits, devaient reproduire plus ou moins les traits de l'homme qui les avait imaginés, car on n'imagine, on ne produit jamais que selon sa propre nature. Dieu lui-même n'a-t-il pas créé l'homme à son image et à sa ressemblance ? Et cette vérité pourrait s'appliquer, dans un certain sens, à tout l'ensemble des êtres créés. Or, ce miroir de la création qui devait, comme l'océan, réfléchir la grandeur de Dieu, l'humanité, dans sa chute, l'avait, pour ainsi dire, laissé tomber de ses mains, et il s'était comme brisé en mille éclats qui ne montraient plus que des miniatures de la grande image. Encore n'était-ce plus là en réalité l'image divine, puisque l'homme lui avait prêté tous ses propres traits défigurés. Et voilà comment l'homme, ce roi de la terre, ce pontife de la création qui devait présenter à Dieu les hommages des créatures, en est venu jusqu'à se faire un dieu de sa propre image, ou plutôt à adorer, dans son idole, l'Esprit du mal lui-même à la place de Dieu. Mais aussi quel culte et quelle morale! C'était un renversement complet de tout l'ordre divin, et l'auteur premier de cet immense désordre allait enfin régner seul sur les débris du monde moral, lorsque le Fils de Dieu, se souvenant de sa miséricorde, vint poser les fondements d'une restauration universelle en se faisant homme lui-même pour rendre Dieu à l'homme et l'homme à Dieu.

Dans le livre de l'Edda le monde est représenté sous la figure d'un arbre immense qui couvre de ses rameaux toute l'étendue de la terre. Sa cime atteint jusqu'au plus haut des cieux et sa racine plonge jusqu'au fond des enfers. C'est le frêne Igdrasil, image assez fidèle de l'antique mythologie, et figure prophétique qui a trouvé sa réalisation dans le triple caractère de l'Eglise militante, souffrante et triomphante, embrassant dans son sein l'universalité des mondes.

Après avoir suivi les développements de l'arbre mythologique, il nous reste à l'étudier dans ses dernières ramifications.

Les anciennes divinités n'ont pas toujours laissé le même souvenir aux lieux qui leur furent consacrés: c'est tantôt un souvenir que nous appellerons personnel, tantôt un souvenir purement symbolique. Ou le dieu païen se survit en quelque sorte dans un génie, dans un lutin, comme nous avons vu la déesse se survivre dans la dame blanche; ou bien ce n'est que le symbole qui reste et se survit, soit dans une tradition, soit dans une simple dénomination locale.

Nous en avons déjà cité plusieurs exemples. Nulle part cependant le souvenir des anciennes divinités ne s'est mieux conservé, sous forme de légende, qu'au fond des montagnes, parmi les bûcherons et les charbonniers, ou bien encore dans certaines familles aux mœurs patriarcales, à l'habitation solitaire et retirée. Là ces légendes se transmettaient de père en fils, de génération en génération, comme un héritage, et on les conservait d'autant plus fidèlement qu'elles étaient moins nombreuses. Elles semblaient prêter une âme à la nature même, dans les lieux où elles se trouvaient localisées. En effet, à ce charme mystérieux qui s'attache à tout site inculte et solitaire, joignez la poésie de quelque gracieuse et naïve légende, et ce sera comme la fleur qui embaume, comme l'oiseau qui anime la solitude.

Nos lecteurs connaissent déjà le génie du Ruhfelsen, et nous savons de lui qu'il fait de la musique quand il n'est pas occupé à lancer des pierres, comme nous savons aussi de ses voisins, de Hütscher et de Huperi, qu'ils annoncent la pluie ou le beau temps quand ils font de la musique.

On a conservé le souvenir de quelques autres génies, et il n'est guère de ferme sur nos montagnes qui n'ait donné asile à l'un ou à l'autre. Leur origine païenne se reconnaît ordinairement à deux signes : ils sont capricieux, malicieux même, et ils ne supportent rien de ce qui sent de près ou de loin la religion chrétienne. Le son d'une cloche les fait frémir, une bénédiction de l'Eglise les met en fuite ; mais leur nature diabolique se reconnaît surtout à ce signe : ils ont en horreur la vue d'une croix. On se les représente généralement sous la figure de petits nains plus ou moins contrefaits. Assez inoffensifs du reste, ce sont des esprits lutins qui ont leurs exigences et leurs préférences, parfois leurs lubies, mais qui ne laissent pas de payer à leur manière l'hospitalité qu'on leur accorde. A celui-ci, par exemple, il faut sa petite jatte de lait, souvenir des anciennes libations; à celui-là sa petite portion de beurre ou de fromage, souvenir des mets offerts aux dieux Lares. Mais pour peu qu'on les irrite, gare au bétail! Quel est ce signe étrange qui vient de marquer tout-à-coup certaines vaches du troupeau, comme si une main noircie de suie les avait touchées? C'est l'attouchement, c'est la marque de l'esprit; et voilà autant de têtes de bétail perdues!

A l'approche de la Saint-Michel, lorsque le froid des premières nuits d'automne commençait à se faire sentir sur les hauteurs, les fermiers s'apprêtaient, comme aujourd'hui, à descendre avec leurs troupeaux dans la vallée; puis la Saint-Michel venue, pas un jour plus tard, c'était le génie de la montagne qui prenait possession de la ferme. A partir de ce jour on ne devait plus entendre de clochette sur les pâturages. Cependant, pour que le fermier ne pût jamais prétexter d'ignorance, son invisible successeur avait toujours soin de le prévenir de son arrivée. Ainsi le lutin du Hoffrieth venait trois jours consécutivement frapper trois grands coups à la porte de la ferme. Voilà du moins des procédés! Mais le délai expiré, il fallait déguerpir au plus vite, faute de quoi *Pusterlé* venait dès la première nuit vous mettre tout sens dessus-dessous.

En attendant la Saint-Michel, notre lutin s'amusait au vallon du Hirtzengraben à simuler des coupes de bois, et alors vous eussiez cru entendre travailler dans la forêt toute une armée de bûcherons. Vous approchiez pour voir les travailleurs: personne de visible! Et voilà que ce même bruit vous revenait de l'autre côté du vallon, vous réservant naturellement, si vous y alliez encore, la même déception.

Si ce nom de Pusterlé vient de *pusten*, souffler, le génie de la montagne ne serait ici qu'une personnification du vent, un descendant dégénéré d'Odin.

Le lutin du Redlé avait un autre cérémonial pour annoncer sa venue. Vous entendiez quelqu'un marchant à pas lourds et comme traînant la jambe. C'était un bruit de sabots fêlés qui chaque jour se rapprochait de trois pas et qui, le jour de la Saint-Michel venu, faisait son entrée solennelle dans la ferme.

Que faisait le lutin pendant la belle saison? Ami du frais et de l'ombre, il habitait dans la forêt voisine, au Judenhut, et n'en sortait que la nuit pour faire la chasse aux... porcs noirs. C'était une manière comme une autre de continuer la chasse nocturne d'Orion, la fameuse chasse au sanglier. Notre chasseur rencontrait-il alors un habillé de soie qui avait le malheur d'être noir, — et comment ne l'eût-il pas été à cette heure? — il le saisissait par n'importe quel bout de membre, et le balançant comme une fronde, le lançait à perte de vue par-dessus la montagne, si bien que le pauvre noiraud allait, toujours tournoyant et grouinant, tomber dans le lac comme une bombe.

Sur les hauteurs de l'Oberlauchen, quand depuis longtemps il ne s'y trouvait plus ni troupeau ni fermier, on entendait encore souvent une voix d'homme, comme de quelqu'un chassant devant soi une vache égarée. Et cependant on n'apercevait qui ni quoi; mais il est arrivé que l'on a vu, dit-on, à quelque pas de la ferme, un énorme chien noir qui semblait garder un troupeau.

C'était encore l'esprit ou le génie de la montagne, *der berggeist.*

L'esprit de la Roll n'était qu'un petit bout d'homme en costume d'anabaptiste. On ne sait pas, il est vrai, si l'habit était à boutons ou à agrafes, mais par contre il a été bien constaté que notre bonhomme, lorsqu'il montait du Seebach à la Roll, faisait, tout petit qu'il était, des enjambées de vingt pas de longueur, ni plus ni moins. Du reste, aucun de ses faits et gestes ne paraît avoir été buriné au livre de l'histoire ; on se rappelle seulement qu'une chambre de la ferme, où il avait coutume de faire son petit tapage nocturne, continuait d'être appelée la chambre de l'esprit quand depuis longtemps aucun lutin n'y lutinait plus. Les enjambées du nain et son vacarme dans la chambre pourraient faire supposer qu'il personnifiait le bruit de la cascade en face, à la manière du solitaire du Lauchen.

De la Roll nous nous rendons au lac, et de là, en montant quelques pas dans la forêt, nous gagnons un chemin charmant qui nous conduit par le Gustiberg au vallon du Felsenbach. Au fond du vallon, dans une de ces riantes prairies qui se découpent si bien sur la sombre verdure des sapins, se voyait autrefois la grange du Dengelsbach, bâtiment isolé qui servait d'étable pendant la saison d'hiver. Cela n'empêchait pas qu'un nain de la montagne n'y vînt prendre, lui aussi, ses quartiers d'hiver, et loin que sa présence incommodât les vaches, celles-ci s'en trouvaient toutes fort bien ; car le nain était aux petits soins avec elles, soins d'ordre et de propreté, soins de santé et de nourriture. Aussi prospéraient-elles à merveille. Plus d'une fois le matin, en ouvrant la porte, on avait aperçu le petit bonhomme courant le long des crèches et des râteliers, ramassant, balayant, nettoyant, époussetant, toujours occupé, toujours vigilant et diligent. Cependant, autant il se montrait soigneux pour les bêtes, autant il négligeait le soin de sa propre petite personne, laquelle, pour tout dire, n'était rien moins que propre. Il faisait en cela comme beaucoup d'autres bien plus grands que lui, et qui souvent sont encore moins propres d'esprit que de figure. Notre nain, de plus, était toujours déguenillé à faire peur.

Un service en vaut un autre, se dit un jour la femme du propriétaire, touchée de l'état où elle avait vu le pauvre petit; et lui ayant fait une jaquette neuve à la mesure de sa taille, elle alla le soir la déposer dans la grange. Le nain, à son retour, n'eut rien de plus empressé que d'endosser la belle jaquette rouge. Mais voyez un peu les lubies de ces petites gens! Une fois bien habillé, bien troussé, ce ne fut plus, pour ainsi dire, le même personnage. En changeant d'habit, le nain avait changé bien plus encore de caractère et d'humeur. A partir de ce jour-là, en effet, ce ne fut plus, dans l'étable, qu'un épouvantable désordre. Ces vaches si tranquilles, si contentes, si bien soignées jusque-là, étaient tourmentées jour et nuit, et maintes fois on en trouva jusqu'à trois attachées ensemble, les cornes se croisant et s'entrelaçant avec la corde d'une manière inextricable. Aussi les pauvres bêtes languissaient, maigrissaient, dépérissaient à vue d'œil, et comme tout cela semblait ne plus vouloir finir, force fut au propriétaire de vider son étable, dont il ne resta plus, après quelque temps, qu'une masure.

Voilà bien ce qui s'appelle un merci du diable. Mais que voulez-vous? il est des gens, même parmi les hommes, à qui rien ne pèse comme la reconnaissance. Obligez-les, habillez-les, et à la première occasion ils vous détrousseront; recevez-les, logez-les, gorgez-les, et un beau matin ils vous mettront à la porte.

A mesure que nous descendons des montagnes dans la vallée, les souvenirs mythologiques, de plus en plus vagues, se mêlent et se confondent avec d'autres souvenirs, et bientôt le fil se rompt et nous échappe. Voilà, par exemple, la cave souterraine du château de Husenburg. Là vous entendez parfois résonner sourdement, comme sous des coups de marteaux, d'immenses tonneaux vides, pendant qu'une source de vin, et je vous laisse à penser de quel vin! s'échappe du rocher au pied de la montagne. Je vous fais grâce des autres merveilles de ce merveilleux château, le plus beau de l'Alsace, et ne vous parlerai même pas des monceaux d'or que ses caveaux recèlent.

Voilà ce qu'on a fait de la nuée d'orage et de ses éclairs de feu.

Et qu'est devenu le seigneur du château, le dieu tonnant armé de son marteau, de cette hache terrible *(donneraxt)* avec laquelle il vous fendait un chêne de haut en bas? Voyez-vous là-haut, dans la forêt de la Dornsyle, ce lièvre à trois pieds qui, armé d'une petite hache d'or, court d'un arbre à l'autre pour en charpenter le tronc? L'Ase tonnant, *der Donnerase,* c'est précisément ce lièvre tripède de la Dornsyle, *der Donnerhase,* prêtant sa peau au diable *boiteux.* Gardez-vous de dédaigner ces éclats de bois que le lièvre a laissés au pied de l'arbre, et jetez vite, avant qu'ils ne disparaissent, votre mouchoir dessus; car, sans que rien y paraisse, ce que vous amasserez là, c'est de l'or!

Ainsi comme au Husenburg, toujours de l'or pour le feu.

Au Kastelberg encore une cave, la Cave de l'Esprit; mais ici plus de vin qui coule, plus de tonneaux qui résonnent; tout au plus si vous y humez, comme Odin, un léger bouquet de fleur de sorbe. Au reste, ce n'est pas que ce bruit de tonneaux vides nous fasse absolument défaut, mais est-il besoin d'un esprit pour battre la grosse caisse? Et quel est donc cet esprit du Kastelberg? Plus de nom ici, plus de légende. Mais voici à côté un nom tout trouvé que nous pourrions lui prêter, si tant est qu'il ne l'ait pas déjà porté. Voyez-vous là-bas cette croix, à l'extrémité du plateau? Vous l'avez nommée: c'est la Croix de mission, la Croix du *Küterlé*. Or, ce dernier nom, pris dans son sens étymologique et mythologique, que signifie-t-il? C'est le diminutif de *kuter*. J'ouvre le dictionnaire et j'y lis que ce mot *kuter*, dans le dialecte souabe, se prenait pour *kater*, signifiant un matou, comme *kuter*, de son côté, désigne encore aujourd'hui, en terme de chasse, un chat sauvage. Mais le mot küterlé s'employait aussi dans le sens de *kutermænnchen* ou de *katermænnchen*, pour dire une manière de petit lutin aux yeux luisants, un de ces génies de montagnes, de ces vilains matous qui ne se plaisent qu'à vous jouer des tours. Or vous n'êtes pas sans savoir que le matou, à côté de Freya, la déesse aux deux chats ou la déesse Oie, a sa haute signification mythologique, en ce qu'il parfait le couple symbolique, et ce n'est peut-être pas sans raison non plus que notre Küterlé se trouve situé côte-à-côte avec la *Gans,* formant avec ce dernier canton la région supérieure du coteau du Sehring. Küterlé était donc un de ces esprits moqueurs qui cherchent à égarer les gens dans les montagnes, afin de les attirer sur le bord de quelque précipice. Nos bûcherons pourraient vous en conter de belles, et ils vous assurent que ce ne sont pas des fagots. Ainsi, lors même que Küterlé ne serait pas l'esprit de la cave du Kastelberg, il n'en serait pas moins vrai que c'est un des plus malicieux lutins de nos montagnes, un esprit de cave aussi qui a déjà fourvoyé plus d'un sage et donné le croc-en-jambe à plus d'un fort.

Du reste, impossible de voir ce lutin-là, attendu qu'il habite au haut du Sehring. Or, le *sehring*, chez nos pères, n'était-ce pas ce cercle magique d'où celui qui s'y place peut tout voir, même les esprits, sans être vu de personne ? C'est ainsi que les soldats campés sur ce plateau, invisibles eux-mêmes derrière leurs retranchements, pouvaient tout apercevoir dans la contrée, et qui sait si ces camps d'observation n'ont pas donné lieu à la fiction du cercle magique ?

Après avoir fait la part de la mythologie et de l'étymologie, écoutons maintenant une autre explication, celle du peuple, qui a du moins le mérite d'être claire, si elle ne paraît pas ancienne.

Il y avait autrefois à Guebwiller un homme qui s'appelait Kuter, mais qui, à raison de sa petite taille, était communément appelé Küterlé. Il était pauvre, mais intelligent et laborieux, et d'une constance à toute épreuve. Vigneron de son état, mais n'ayant que peu de vignes à cultiver, il avait entrepris, en dépit du roc et des railleries, de défricher cette région de broussailles que formait alors le Haut-Sehring. Bien des gens riaient de ce petit homme qu'ils apercevaient là-haut, toujours suspendu à ses rochers, et ceux qui ne riaient pas haussaient les épaules: les plus charitables le plaignaient. Mais Kuter n'était pas homme à se rebuter pour des rires et des dires, et quand on avait bien ri, il n'en retournait qu'avec plus d'ardeur à son travail. Le roc fendu, brisé, lui fournissait du moellon pour ses murs; puis avec la terre extraite, amassée, rapportée, une terrasse après l'autre se formait, se nivelait, se plantait de vignes, et d'étage en étage, de rempart en rempart le jeune plant, faisant comme un siège en règle, montait, montait toujours et arrivait enfin jusqu'au haut de la montagne.

Le camp romain était pris d'assaut!

« Voyons maintenant ce que cela produira! » se dirent alors les rieurs; mais déjà ils ne riaient plus. C'était, en effet, une vigne de la plus belle apparence, un plant de la plus belle venue, et le soleil semblait regarder cette côte avec des yeux d'amour, à l'envi du planteur. On attendit donc, et après quelques années d'attente, le Küterlé produisit enfin son crû, en concurrence avec celui des autres côtes. Il y avait là d'illustres champions, le bouillant Kessler, l'ardent Wanne, le généreux Sehring surtout, sans parler des autres. Mais voilà que, tout bien pesé, dégusté, comparé, on fut unanime à proclamer que le dernier venu méritait de figurer au premier rang.

II.

Les Naines.

Sur la croupe d'une colline adossée au Demberg, au centre de la vallée, s'élève la modeste église de Bühl, flanquée de son presbytère. C'est à l'ombre de cette église, sur le flanc de cette colline que se sont groupées, dans l'origine, les quelques habitations qui ont formé le premier noyau du village. Reconstruite au siècle dernier, l'église n'offre d'ailleurs rien de remarquable que sa magnifique situation. Le clocher seul est d'une construction plus ancienne, mais sans aucun caractère architectonique. Parmi ses trois cloches il en est une, celle de Saint-Jean, que le peuple fait remonter aux temps païens, et l'inscription qu'elle porte n'est pas précisément d'une clarté à démontrer le contraire. S'il fallait en croire une tradition populaire, cette cloche aurait été trouvée un jour au haut du Demberg, suspendue entre deux rochers. On la sonnait, comme c'était l'usage en ce temps-là, pendant les orages, et l'on raconte qu'un jour, au moment où un épouvantable orage, sortant du Belchenthal, allait éclater sur Bühl et que déjà la cloche venait de donner le signal de la prière, on entendit une voix s'écrier au haut des airs : « Arrête! le chien de Saint-Jean aboie! » Et aussitôt, ajoute la légende, on vit la nuée d'orage reculer et à la grêle qui commençait à tomber, succéder une pluie douce et bienfaisante.

A Lautenbach il existe une tradition analogue, avec cette seule différence que la voix céleste crie : « Arrête! le chien païen aboie! » C'était donc ici encore une cloche païenne aux yeux du peuple, ou tout au moins la croyait-on païenne d'origine.

Il va sans dire que la vieille église romane de Lautenbach est, aux yeux du peuple, l'œuvre des païens comme notre ancienne église de Saint-Léger, construite par les *trois païens* qui figurent sur le portail. Ce sont encore des païens qui, à Lautenbach, ont cherché sur la montagne l'ardoise qui couvrait l'ancien clocher, et le plateau du Heidenfelsen a gardé le souvenir de leurs danses et de leurs fanfares.

Il existait autrefois bon nombre de cloches dont on racontait des choses tout aussi merveilleuses. La Susanne de Soultzmatt, par exemple, fut trouvée, dit-on, dans les ruines du couvent de Schwartzthann, et une cloche d'argent s'y trouverait encore enfouie à l'heure qu'il est. D'autres prétendent même qu'elle vient de la Dornsyle, où ils veulent qu'il ait également existé un couvent. On voulut d'abord transporter Susanne à Rouffach, mais voilà que la cloche, lorsqu'elle fut arrivée sur la limite de la paroisse de Soultzmatt, devint tout-à-coup si lourde, que les chevaux, s'arrêtant tout court, ne purent plus avancer d'un pas. Bien plus, elle se mit à verser des larmes, trois larmes de sang ! Etait-ce assez clair? Aussi l'on comprit alors, et Susanne rentra triomphante dans la paroisse.

Pour d'autres cloches la tradition dit qu'elles ont été trouvées au fond d'un étang ou d'une rivière, ou bien déterrées du sol par quelque pachyderme en quête de truffes. Singulières origines ! il faut l'avouer; et comment ces traditions ont-elles pu prendre naissance?

Nous venons de voir les dieux dégénérés du paganisme descendre enfin à l'état de nains et de lutins. Les déesses de même n'ont pas conservé davantage cette majesté de reines, ce port, cette dignité de châtelaines qu'affectent encore quelquefois les dames blanches de nos montagnes : elles sont aussi dégénérées en naines, témoin celle que nous avons vue sous le pont de la Lauch. On appelait autrefois ces naines, comme aussi les poupées et les petites statues ou images de déesses, *docken* ou *dockelé*, mot encore très-usité pour désigner une petite fille sotte et maladroite, et diverses figures à l'extérieur de notre vieille église romane ne sont pas autrement désignées par les enfants. Or les premières cloches, généralement petites, ressemblaient trop à ces figures de déesses pour que l'on ne fût pas tenté, parfois, de les prendre pour des statues parlantes et chantantes, pour autant de divinités sorties de la terre ou des eaux, ou descendues de leurs montagnes; et c'est ainsi qu'a pu naître la fable des cloches païennes, avec les traditions populaires qui s'y rattachent.

Peu s'en fallut, sans doute, que le peuple de certaines contrées ne crût à un retour de ses anciennes divinités, et l'usage des cloches à une époque où toute ombre de paganisme n'avait pas encore disparu, ne devait pas laisser de présenter quelque danger au point de vue de la foi. Fallait-il pour cela renoncer à l'usage des cloches, comme firent les Mahométans, ou briser même les images, briser l'art, à l'exemple des Iconoclastes? Mais quelle voix, quel instrument eût remplacé la cloche, et quel livre eût suppléé à l'image, ce livre de tout le monde, alors surtout que le peuple n'en lisait pas d'autres? Et puis d'ailleurs ces dangers, ces inconvénients n'étaient pas partout les mêmes. Les meilleures choses peuvent, en certains lieux et pour de certaines gens, être d'un usage dangereux. Est-ce une raison pour que le genre humain s'en prive? Mais il est si facile, quand on ne date que d'hier, de se promener en censeur sur le terrain de l'histoire, et de s'attaquer à tout quand on n'a rien à défendre! Tout bien considéré, l'Église crut donc bien faire de conserver les cloches, tout comme elle avait conservé les images, et pour prévenir toute pensée d'idolâtrie, elle les purifia, les bénit et les consacra, en leur conférant même une espèce de baptême.

Le peuple leur ayant prêté une âme, le chant des cloches, après la bénédiction de l'Église, ne fut plus qu'un chant chrétien qui devait mettre les démons en fuite; et voilà pourquoi les derniers trainards du paganisme en déroute, les génies, les lutins et les sorcières, ne se rencontrent plus désormais que dans les lieux les plus solitaires, où n'est pas encore arrivé le son d'une cloche, l'ombre d'une croix ou la vertu d'une bénédiction.

Par suite de cette même confusion de noms et de souvenirs, les cloches, quand elles étaient au nombre de trois, furent comparées et assimilées aux trois nornes, ces parques du Nord, et c'est ce qui nous explique ce passage d'un refrain bien connu dans toute famille où il y a un enfant à bercer sur les genoux :

> *z'Rom isch e glockehus,*
> *s'luege drei jungfraue drus, etc.*

Ailleurs on dit aussi : *s'luege drei docke drus...* Voilà donc encore une fois les cloches prises pour d'anciennes déesses, pour ces nornes dont on a fait plus tard des nonnes. Les cloches d'ailleurs ne semblent-elles pas en effet présider, comme autrefois les parques et les nornes, à toute notre existence, à nos joies et à nos douleurs, à la naissance, à la vie et à la mort ? La soie que file la première norne (1), c'est le bonheur ou l'espérance avec ses illusions ; la paille ou le pain d'avoine, c'est la pauvreté, le travail, la vie humaine avec ses dures réalités ; et le saule enfin, qui faisait l'office de corde dans les cas pendables, c'est le fil de nos jours tranché, c'est la mort.

Le souvenir des trois nornes s'est conservé sur plus d'un point, mais le plus souvent remplacé par la légende des trois sœurs de la suite de sainte Ursule,

---

(1) *Eini spinnt siide,*
d'ander dreiht wiide,
d'dritt spinnt haberstrau.
B'hüeit di Gott, mi liebi frau!

Ces derniers mots doivent s'entendre dans ce sens : Que Dieu te garde et la bonne dame !

légende dont le sujet se retrouve aussi parmi les peintures murales de notre ancienne église des Dominicains. Les nornes étant devenues des nonnes dans la bouche du peuple, on en parle ordinairement comme de trois sœurs qui auraient fondé ou habité ensemble un de ces couvents dont aucun document ne fait mention, comme le prétendu couvent de la Dornsyle ou celui de notre Nonnenthal, qui est peut-être le même que ce Blumenthal si vaguement indiqué dans la chronique.

Nos petites dames comme les grandes, comme les déesses de la nuit, étaient assez souvent noires. C'étaient des belles de nuit, quoique généralement fort laides, et comme telles, c'est-à-dire comme génies nocturnes, ces naines sont également appelées *dockelé;* car c'est ainsi que l'on désigne chez nous le cauchemar. Ce mot de cauchemar lui-même, s'il est vrai qu'il dérive du latin *calcans mar,* ne serait que le synonyme de notre *alpdrücken,* l'alf noir ou la *mahr* qui nous presse et nous oppresse pendant le sommeil, ou la sorcière *Cauquemare.* Ces petits génies domestiques auxquels on attribuait l'asthme nocturne, étaient encore, comme on voit, de l'un et de l'autre sexe, formant couple dans le nom de ce grotesque personnage qui dans nos contes de la Cigogne se nomme *Marolf.* Si le sexe de la naine est souvent difficile à reconnaître, c'est parce que son nom est presque toujours pris au diminutif, par conséquent au sens neutre.

Tel est aussi le héros ou l'héroïne du conte suivant. C'est un petit lutin qui a nom Mikerlé, diminutif de *mieke,* mot qui s'emploie familièrement pour une chatte, comme qui dirait minon.

Au milieu d'une vaste clairière aux environs du Freundstein, au-dessus de Goldbach, se voit une ferme bien exposée au soleil, bien abritée contre la bise. C'est le Kohlschlag. Cette ferme est habitée en toute saison, et comme les autres, elle était hantée au bon temps jadis par un lutin. C'était du reste un lutin fort gentil, quand il voulait l'être, et avec cela gracieux et mignon, bien que doté par derrière d'une certaine éminence peu gracieuse et peu mignonne, mais qui ne semblait que le rendre plus spirituel encore, tellement il en savait tirer parti. Mikerlé, c'est ainsi qu'on l'appelait, vivait avec les gens de la ferme sur le pied de la plus grande familiarité, et le dimanche, quand on se rendait à la paroisse pour assister à l'office, notre lutin était toujours de la partie ; mais jamais on ne put le décider à s'approcher de l'église ; il s'arrêtait même à la première maison du village, et attendait là le retour des autres, pour s'en revenir avec eux. Malheureusement, Mikerlé avait aussi, comme tout autre génie, son petit grain de folie, ses fantaisies, ses caprices, ses lubies. Son plus grand plaisir, par exemple, quand on était aux regains et que les veillottes étaient formées, c'était d'aller le soir, comme un tourbillon, les disperser au loin sur toute la montagne, ce qui n'amusait le fermier que tout juste, lorsqu'en revenant le matin, il ne retrouvait plus ses veillottes. Mais voici qui n'était guère plus amusant pour la fille. Celle-ci avait-elle employé toutes ses veillées d'hiver à se confectionner une robe neuve, quand le jour de fête était enfin arrivé où elle comptait mettre sa robe, elle n'en trouvait plus dans son armoire, le matin en se levant, que fil et lambeaux *(fitz und fetze)*. Mikerlé, pendant la nuit, avait pénétré dans sa chambre et lui avait mis sa robe, cette belle robe neuve qui avait coûté tant de peine, toute en charpie ! C'était à n'y plus tenir. Aussi la pauvre fille s'en plaignit-elle amèrement lorsque Hans, son fiancé, le fils du fermier de la Goldematt *(der Goldematthans),* vint lui faire sa visite. Le jeune homme chercha à la consoler, lui promettant qu'il saurait bien trouver le moyen de la débarrasser de ce méchant lutin.

Le dimanche suivant, en sortant de l'église, Hans alla chercher et ramasser un os sur la terre bénite du cimetière, puis sans remonter à la Goldematt il se rendit directement au Kohlschlag, où il eut soin de déposer l'os dans un coin de la ferme, et à partir de ce jour-là on ne vit, on n'entendit plus de Mikerlé au Kohlschlag.

Toute cette légende a gardé une certaine teinte mythique qu'il serait aisé de faire ressortir, si elle avait pu échapper au lecteur. Et d'abord on sait le rôle que joue le chat dans la mythologie allemande. Puis ce fait du lutin qui vient la nuit disperser le regain et mettre en pièces la robe neuve, ne rappelle-t-il pas l'histoire de la dame noire et la toile de Pénélope? Et ce jeune homme qui vient délivrer sa fiancée pour l'épouser ensuite, remarquez-bien qu'il s'appelle Jean, ce qui nous fait supposer que la fiancée devait s'appeler Marguerite. Bien plus, Hans descend du *Pré d'or,* et sa fiancée habite à la *Charbonnière,* deux noms tout trouvés pour symboliser le soleil du printemps et la terre captive du sombre hiver. Mais ne serait-ce pas précisément à cause de ces deux noms que le mythe se trouve localisé ici sous forme de légende ?

III.

Les Elfs.

Voici venir enfin les derniers rejetons de la race d'Odin. Tâchons de nous faire petits, car nous allons entrer dans le royaume des Elfs *(Elben, Alben)*.

Après s'être divisé, subdivisé et multiplié à l'infini, le dieu de la nature, ou plutôt le dieu Nature, se trouve réduit en fin finale aux proportions d'un petit génie personnifiant tout ce qui n'est plus susceptible de division, une étoile au ciel, une fleur, un insecte (1) sur la terre. C'est le polythéisme dans ses dernières conséquences. Ainsi la divinité, de même qu'elle a échappé à l'homme d'abord par sa grandeur, lui échappe encore par sa petitesse, en s'individualisant dans des atomes, comme ces fleuves dont on ne connaît ni la source ni l'embouchure, parce que la source est trop éloignée et que le flot va se perdre dans les sables. Mais il le fallait ainsi, il fallait que la raison humaine, une fois dévoyée, parcourût le chemin de l'erreur jusqu'au bout, pour pouvoir enfin se reconnaître et adorer un autre Dieu que la Nature, car Dieu est esprit et veut être adoré en esprit et en vérité.

Frappé du spectacle de la nature, qui nous montre

---

(1) C'est ainsi que dans une légende de M. Stœber nous voyons un scarabée, marqué d'une croix noire et exhalant un parfum céleste, indiquer au chevalier pèlerin qui s'était endormi là sous un tilleul, la place où devait s'élever l'église de Bühl.

Nous avons déjà vu quel dieu se cache dans le scarabée noir, et l'on sait que tout ce que la foudre avait touché, était censé consacré à la Divinité.

la Divinité partout présente, partout agissante et ne laissant pas tomber un rayon de son soleil qui n'aille réjouir ou vivifier un être, l'homme, pour s'expliquer le phénomène de cette végétation, de cette animation universelle, avait imaginé l'existence d'une multitude de petites divinités subalternes. Invisibles mirmidons, les elfs n'animent et ne remplissent pas seulement la terre et l'air, ils habitent aussi sous terre et au fond des eaux. C'est toute une société en tout semblable à celle des hommes, suivant le pays ou la contrée, avec les mêmes lois et la même organisation. Obéron en est le roi, Elvina la reine. C'est Odin et Frigga en miniature. La goutte de rosée ne réfléchit-elle pas le même soleil que l'océan? Il y a donc des elfs des deux sexes, comme il y a des elfs blancs et des elfs noirs, des elfs de lumière et des elfs de ténèbres, sans parler des elfs intermédiaires.

Nous avons vu les principales divinités personnifiant d'abord le soleil et la lune, puis les grands phénomènes de la nature et les éléments, et descendant ainsi du ciel sur la terre. Les elfs semblent avoir été d'abord une personnification des étoiles. Ils ont donc aussi leurs danses nocturnes, tout comme les sorcières qui dansent autour du Ringelstein. N'avez-vous jamais observé, le matin, en traversant par exemple la clairière humide de l'Appenthal, entre le Heisenstein et le Steinglitzer, un de ces ronds que l'on voit quelquefois tracés sur l'herbe de nos prairies couvertes de rosée? Ce sont les elfs qui ont dansé là au clair de la lune. On prétend qu'ils exécutent souvent de ces danses nocturnes, en s'accompagnant de chant et de musique; mais sitôt que le jour commence à poindre, il faut que ronde et rondeau cessent et que danseurs et danseuses disparaissent, sinon, gare le soleil! car tout retardataire surpris par un rayon de lumière serait instantanément pétrifié, et il ne resterait plus de lui qu'un de ces brillants silex que les enfants prennent pour des étoiles tombées du ciel. Les elfs n'ont donc rien de plus empressé alors que de se couvrir de leur petit chapeau rouge *(albenhut)*, espèce de capuchon pointu à doublure bleue, qui les rend invisibles. C'est assez clairement figurer les étoiles qui, au point du jour, pâlissent et disparaissent du ciel en se voilant de pourpre et d'azur. Aussi nous assure-t-on que les elfs, vus dans leur jour, qui est la nuit, pendant qu'ils dansent sur le gazon, sont beaux de visage comme des anges. Mais il en est, dit-on, de ces beautés de bal comme de beaucoup d'autres : attendez le matin, et à la place de cette angélique figure d'elf si aimable, si rayonnante et si souriante, vous n'apercevrez plus qu'une laide petite face de chou frisé.

Les elfs aériens sont nos zéphirs. Quand le printemps les ramène avec les papillons sur la montagne, on voit les pâturages reverdir et les fleurs renaître sous leur souffle, et leur arrivée dans les fermes s'annonce le soir, au grenier, par une douce et ravissante symphonie qui se prolonge jusque bien avant dans la nuit. C'était à ce signal que le fermier de la Verrerie *(Glashütte)* relâchait son troupeau. Au Dürrenbach, près de Saint-Gangolf, Obéron *(Olber, Alber)* faisait son entrée au son des clochettes, comme suivi d'un invisible troupeau.

Enfants d'Odin, ce grand musicien de la nature, les elfs, comme génies de l'air, avaient aussi quelque chose de la nature du dieu Thor. Une certaine classe d'elfs étaient appelés *trolls,* espèce de petits cyclopes, les mêmes qui, en fournissant les vapeurs dont se forme la nuée, forgeaient les divers projectiles du dieu de la foudre. Est-ce que notre Troberg, à côté de l'Appenthal, aurait été primitivement un Trolberg, et l'Appenthal un Albenthal?

Les savants n'ont jamais éclairci ce problème.

Quoi qu'il on soit, nous serions assez curieux d'apprendre comment ce nom d'olber, qui nous rappelle les elfs, a été donné à un de nos raisins, le plus célèbre de notre vignoble. Est-ce qu'on aurait comparé son grain, si lent à mûrir, aux petits projectiles des elfs *(albgeschoss)*? Notez encore que les lambruches de ce raisin sont appelées *olbertrollen*. Il faut savoir que les elfs de Thor, à l'instar de leur maître, lançaient, d'une petite main toujours sûre, des traits invisibles, mais souvent mortels pour la raison. De là le mot *albern*, pour dire un homme toqué, comme aussi cette expression populaire : *er ist geschossen*. Il est vrai que plus d'une forte tête a déjà ressenti les traits de l'olber.

La principale fonction des elfs dans la nature, c'était de présider à la végétation des plantes. Comment l'homme, privé de la connaissance de Dieu, se serait-il expliqué le phénomène de cette vie, de ce mouvement, de ces forces motrices et productrices que nous voyons partout agir dans le grand laboratoire de la nature? Figurons-nous un homme de ces temps-là, un de ces hommes à idées naïves, pénétrant sous les arceaux verts d'une de ces majestueuses forêts qui étaient regardées comme le sanctuaire de la Divinité. Quelle impression produira sur lui l'aspect de ce monde nouveau au milieu duquel il se sent égaré comme un étranger venant d'un autre monde? Quelle est cette voix mystérieuse qu'il entend parler dans les sombres et murmurantes profondeurs du bois? Que lui dit-elle? A qui parle-t-elle? Qui fait ruisseler les eaux de cette claire fontaine? Pour qui ces fleurs, pour quoi ces plantes?...

Et voilà comment l'homme imaginera, pour se rendre compte de tant de causes et de tant d'effets, autant de divinités qu'il sera nécessaire, et elles viendront animer et peupler pour lui cette solitude. Aussi voyons-nous, dans la mythologie, le petit peuple des elfs affectionner tout particulièrement les lieux incultes et solitaires. Mais que la vieille forêt vienne à être abattue, ou que les hautes herbes de la clairière tombent sous la faux, alors c'est une désolation parmi les elfs, et tous aussitôt d'émigrer en masse pour s'en aller chercher ailleurs un asile de silence. Un bien plus grand chagrin néanmoins, un chagrin mortel pour les elfs, ce serait de laisser voir leurs petits pieds, qu'ils ont toujours bien soin de vous dérober sous les bords traînants de leurs manteaux. C'est vous dire que les plantes ne souffrent pas qu'on déchausse leurs racines.

L'âme de la plante, personnifiée dans l'elf, aspire, comme celle de l'arbre, à une existence supérieure, où l'attend la liberté avec les autres prérogatives de la vie animale; et voilà pourquoi les contes nous montrent souvent les elfs s'attachant à l'homme et cherchant même à s'unir à lui. Serait-ce là, par hasard, un reste de métempsycose? Ou bien encore faudrait-il y voir déjà quelque chose de ce gémissement ineffable de toutes les créatures qui attendent avec un si grand désir, comme dit l'apôtre, la gloire et la liberté des enfants de Dieu? Aussi bien cette union des créatures avec l'homme et de l'homme avec Dieu par le Dieu-homme, c'est le grand mystère de la religion, la raison dernière et la consommation même du christianisme.

Les elfs étant partout répandus, il serait bien étonnant qu'ils ne le fussent pas aussi dans l'eau, qui réfléchit si bien l'image du ciel. Mais où chercherons-nous des elfs d'eau ? car le lac, déjà occupé par notre Ondine, serait un trop vaste domaine pour ces dieutelets. Pour voir Alvina tenir cour plénière en sa qualité de reine de l'onde, il nous faut descendre à la source du Brunnfels, aux environs du Breidenstein.

Deux enfants de Rimbach-Zell étaient allés un soir cueillir des fraises dans la forêt. Jasant et folâtrant ils arrivèrent ensemble, guidés comme on peut l'être à cet âge par le vol d'un papillon, à une petite clairière illuminée par un dernier rayon de soleil. Tout-à-coup ils s'arrêtent, immobiles et muets, les yeux fixés sur le bassin d'une source. Qu'ont-ils aperçu? Sur le miroir tremblant de l'onde ils voient nager, voguer au souffle de l'air une feuille jaune gracieusement recourbée en forme de nacelle, et dans cette nacelle se tenir une princesse, une reine! mais si petite, si petite et si fluette, que l'on dirait une libellule se reposant sur un nénuphar. Tout à l'entour de la source sont rangées en file de charmantes maisonnettes, comme une cité au bord d'un lac. Dans l'eau, sur le sable, parmi les fleurs du gazon, partout des pièces d'or qui miroitent au soleil!

A la vue de ce spectacle les enfants émerveillés ne se possèdent plus de joie : un cri d'admiration leur échappe, et au même instant un bruit se fait entendre comme d'une pierre tombant dans la source. L'eau rejaillit, écume et bouillonne, et en un clin-d'œil reine et cité, nacelle et or, tout a disparu.

Nous voilà bien loin du lac du Ballon, de sa grande Truite et de son Chariot d'or. Mais aussi quelle figure peut-on faire dans le miroir d'une source? quelle tempête soulever dans un verre d'eau? Il faut savoir s'accommoder aux circonstances. Le vaisseau du soleil ce n'est donc plus qu'une feuille, et la reine du ciel ne règne plus que sur le bassin d'une source; mais l'humble source n'en a pas moins, comme le lac superbe, comme le ciel immense dont elle réfléchit encore l'image, sa walhalla, ses palais d'or et ses jardins fleuris, le tout aussi beau en miniature que les magnificences du crépuscule, de cette cour céleste que nous avons vue descendre sur la terre à la suite du soleil.

Pour retrouver la lune et les étoiles, ou bien encore les plantes de la montagne personnifiées dans les elfs, nous allons remonter une dernière fois sur ces hauteurs sereines où la légende semble, comme la nature, avoir mieux conservé son caractère primitif, où l'on dirait aussi que d'autres pensées naissent avec d'autres fleurs, comme si, à mesure que l'on monte, on se rapprochait de Dieu.

C'était presque toujours la nuit que les elfs faisaient leur ménage, ou plutôt leur remue-ménage dans les fermes. Le fermier et ses gens, accoutumés à ce bruit qu'ils connaissaient bien, n'y faisaient plus attention; et d'ailleurs ils savaient fort bien qu'en allant voir ils ne verraient rien, et qu'ils trouveraient tout à sa place ordinaire. Mais passé la Saint-Michel c'était autre chose, car les elfs alors ne plaisantaient plus, et mal en aurait pris à celui qui se serait avisé d'aller les troubler. Ils allaient même quelquefois jusqu'à vous défendre la ferme. Au Hoffrieth, par exemple, la femme du fermier rencontra un jour, en ouvrant la porte, deux grands tas de neige qui lui barraient le passage. Au Gustiberg, des bûcherons qui descendaient un soir de la montagne, attirés par une lumière qui éclairait la ferme, lumière si vive qu'elle brillait même à travers les bardeaux du toit, aperçurent, par une fente de la porte, un énorme glaçon qui gisait là sur le sol, étincelant comme une braise.

Un jour, c'était à la Saint-Michel, le fermier du Mordfeld venait de partir avec ses gens et son troupeau. On était arrivé au bas de la montagne et déjà le troupeau mugissant et sonnaillant défilait par la vallée, lorsqu'un garçon s'aperçut qu'il avait oublié, en partant, d'emporter un objet qu'il n'eût pas voulu perdre pour tout au monde. Sans hésiter, il retourne sur ses pas pour le chercher. Arrivé sur la montagne, comme il voit le jour baisser, et se sentant d'ailleurs accablé de fatigue et de sommeil, il se décide à passer la nuit dans la ferme. Une auge vide se trouvait là dans un coin; il s'y couche et ne tarde pas à s'endormir. Mais à peine a-t-il fermé l'œil, qu'il se réveille tout-à-coup, comme en sursaut. Il croit avoir entendu du bruit, il voit la ferme éclairée. Est-ce un rêve? Est-ce une illusion? Sans bouger dans son asile, il écoute encore: il entend la flamme qui crépite sous la chaudière; la presse à fromage gémit, les jattes à lait se remplissent et se vident; on va, on vient, on cause; bref, c'est comme en plein jour, quand tout le monde est occupé dans la ferme. Alors il lève tout doucement la tête par-dessus le bord de l'auge, et à la lueur vacillante de la flamme il voit une foule de petits mirmidons qui s'agitent, qui travaillent, qui font en un mot tout ce qu'on a coutume de faire en pareil lieu. Plus de doute, c'est une famille d'elfs qui est occupée là à préparer le fromage. Cependant, au moment même où le garçon levait la tête, une petite fille l'a aperçu, et il l'entend distinctement qui court dire à sa mère qu'un homme est couché dans l'auge.

« Laissons-le dormir, répond la mère, et que bien lui fasse! car c'est un jumeau. »

Enfin le travail est terminé, et deux superbes fromages sont posés sur la table, l'un blanc, l'autre noir.

La maîtresse alors, s'approchant du dormeur, l'invite à se lever et à venir se régaler. Peu rassuré d'abord, il obéit néanmoins, se lève et se met à table. L'appétit d'ailleurs n'est pas ce qui lui fait défaut, et puis quel fromage! quel parfum! « Voici, lui dit la petite vieille en montrant la meule blanche, un fromage extrait du lait versé, gâté ou perdu par accident ou par maladresse; tu peux en manger tant qu'il te plaira, il est bon. Pour celui-là, dit-elle, en indiquant la meule noire, il est extrait du lait versé ou gâté par malice, ou avec accompagnement de jurements; tu peux en manger aussi, mais je te préviens qu'il est mauvais. »

Le garçon n'eut garde de toucher au fromage maudit, et il se contenta d'entamer la meule blanche. Jamais il n'avait rien goûté de plus délicieux. Aussi quelle ne fut pas sa joie lorsque, le repas fini, la petite vieille lui dit d'emporter ce fromage dont elle lui faisait cadeau! Il prit la meule sous le bras et partit. De retour dans sa famille, il n'eut rien de plus empressé que de conter son aventure et de faire goûter de son fromage. Mais voici maintenant le plus curieux de l'histoire. C'est que ce fromage, quand à force d'être rogné, râclé, échancré, il ne laissait plus voir que la croûte, se remplissait et s'arrondissait de nouveau, si bien qu'au bout de quelques jours la meule se retrouvait encore ronde et radieuse comme la lune en son plein.

Cependant l'autre jumeau, jaloux de se procurer le même trésor, voulut aussi tenter l'aventure. Il se rendit au Mordfeld, et à la tombée de la nuit il alla se coucher dans l'auge. Imprudent! A peine eut-il commencé à faire semblant de dormir, que les elfs en arrivant l'aperçurent, se jetèrent sur lui et le mirent en pièces.

C'était sans doute un jureur.

Le Hoffrieth a une légende du même genre. C'est un

garçon qui, le jour de la Saint-Michel, a dû rester et coucher dans la ferme, pour garder les ustensiles qu'on ne devait chercher que le lendemain. Les elfs lui servent trois jattes de lait, du lait blanc, du lait noir et du lait jaune. Il ne prend que du lait blanc, après quoi les elfs lui ordonnent de partir, en lui déclarant que s'il n'était pas là par ordre de son maître, il ne partirait plus.

Ce lait et ce fromage semblent avoir la même origine et la même signification : ils proviennent sans doute de la vache Io et figurent les phases de la lune.

Et ces jumeaux, dont l'un vit et l'autre meurt, ne seraient-ils pas un souvenir des Gémeaux ?

Si cette manière de symboliser paraît un peu singulière, il faut avouer du moins que le tableau ne manque pas de couleur locale.

Nous voyons dans certains contes que les elfs, lorsqu'on avait répandu de la cendre sur leur passage, ne revenaient plus, honteux qu'ils étaient d'avoir laissé des traces de ces petits pieds d'oie qu'ils tenaient tant à cacher.

La racine brûlée, les plantes ne repoussent plus.

Ainsi c'est encore dans les fermes que les elfs ont eu leur dernier asile; mais, comme si un beau matin on avait vu de leurs traces sur la cendre du foyer, ils ne reviennent plus, et c'est à peine s'il est encore fait mention d'eux. Leur disparition est toujours attribuée, comme celle des lutins, à quelque bénédiction de l'Église, ou bien encore à l'influence d'une mission prêchée dans le voisinage, ce qui nous prouve une fois de plus, comme tout ce qui précède, et l'origine païenne de la superstition, et l'influence civilisatrice de la religion.

FIN.

TABLE DES MATIÈRES

	Pages.
Préface	V

CHAPITRE PREMIER. — **Odin.**

I. *Les Origines de Guebwiller* 1
La Marche. — La Colonge. — Le Camp romain. — Le Castel. — Le Vieux-Château. — Les Nobles. — La Chapelle de Saint-Michel. — La Chapelle de Saint-Nicolas. — L'Ermitage. — L'Eglise de Saint-Léger.

II. *Les Armes de Guebwiller et de Murbach* . . 14
Le Chapeau. — Le Grand-Chien de Murbach. — Sirius. — Le Chasseur Orion. — Le Freundstein. — Le Saut-du-Cerf. — Les Armagnacs. — La Montagne du Judenhut.

III. *Le dieu Odin ou Wodan* 22
Odin. — Le culte d'Odin. — Le Schimmelrain. — Le Feu de la Saint-Jean.

IV. *Le Grand Veneur*. 28
La Walhalla. — Odin chasseur. — Odin guerrier. — Le Chasseur nocturne. — La Croix du Lerchenfeld. — La Chasse aux âmes. — La Fontaine de Saint-Hubert. — Le Dieu du Vent.

V. *L'Acousmate, ou les Voix d'en-haut* 38

VI. *Le Val Fleuri* 44
Le Chasseur blessé. — La Walhalla terrestre. — Les Plantes sacrées. — Le Florival.

		Pages.
VII.	*Le Chariot d'or*	49
	Le Grand Chariot. — Le Petit Chariot. — Le Bouvier. — La Vache du Lac.	
VIII.	*L'Ondin*	53
	Géfion. — Nichus. — Le Butz. — Saint Nicolas et son Compagnon. — Le Solitaire du Lauchen.	
IX.	*Le Dragon d'eau*	57
	Les Dragons. — Le Dragon du Lac. — Le Dragon de glace.	
X.	*Le Serpent couronné*	61
	Le Serpent du Heisenstein. — Symbolisme. — Le Serpent et la Hache.	
XI.	*Saint-Michel*	64
	L'Engelberg. — Les Chapelles de Saint-Michel. — La Lampe des Morts. — La Porte de l'Ange. — Michel l'Aveugle. — Michel Bonhomme.	

CHAPITRE II. — **Thor**.

		Pages.
I.	*Le dieu Thor ou Donar*	71
	Symbolisme du dieu Thor. — Le Peternitt. — Le Liebenberg.	
II.	*Le Feu du Carnaval.*	74
III.	*Le Dragon de feu*	76
	Le Lindloch et la Dornsyle. — Le Trou carré.	
IV.	*Le Montjoie.*	79
	Lustbuhl et Lusbuhl. — Le Bildstœcklé.	
V.	*Le Chêne sacré*	82
	Les Chênes de l'Ax. — Le mont Ax. — Les Irmensuls.	
VI.	*Le Guerrier dormant*	86
	La légende de Wolfdietrich. — La Maison des Esprits ou le Conseil dormant.	
VII.	*Le Joueur de Violon.*	93
	Légende. — La Grotte du Ruhfelsen.	

Pages.
- VIII. *Le Diable au Hugstein.* 97
  Le Prisonnier du Hugstein. — La Croix de Barnabas.
- IX. *Saint Christophe.* 102

CHAPITRE III. — **Balder.**

- I. *Le dieu Balder ou Phol* 106
  Mort de Balder. — Symbolisme.
- II. *Le Bollenberg.* 111
  Le Dieu des Sources. — La Croix du Loup (note). — Les Pierres des Géants. Les Blocs erratiques.
- III. *Le Schæfferthal et Saint-Gangolf.* 116
  La légende du Schæfferthal. — La Chapelle de Saint-Gangolf. — Le Pélerinage. — Le Coucou et la Chouette. — La Source emportée. — L'Ordalie.
- IV. *Le Cheval tripède.* 123
  Le Cheval de Balder. — La Peste à cheval. — La Peste emmurée. — La Femme ressuscitée.

CHAPITRE IV. — **Les Déesses.**

- I. *La reine Pédauque* 131
  Origines des Déesses. — Frigga ou la Cigogne. — La Fontaine de la Princesse. — Le Cygne. — La Sorcière et l'Œuf. — Windbrecht ou la Femme qui pleure. — Le Geffenthal ou la Fille qui chante. — Le Breidenstein ou Berthe qui file.
- II. *La Grande Truite et l'Ondine du Lac* . . . 139
  La Truite. — La Dame du lac. — Avis aux Touristes.
- II. *La Dame blanche.* 146
  Le Palais du Soleil. — La Dame blanche. L'Eternueuse sous le Pont.

IV. *La Dame noire*. 151
 Isis. — La Chapelle de Notre-Dame. — La Walhalla des Morts. — Le Veau nocturne. — La Vache Io. — La Vache errante du Hoffrieth. — Berthe et les Petits Enfants. — La Rose et le Lis. — Le Tilleul.

V. *Les Spectres*. 160
 Les Ames en peine. — Le Spectre du Petit-Ballon. — La Toile de Pénélope. — Le Couple mythique. — La Borne déplacée. — Les Géomètres du Ballon.

VI. *Les Sorcières* 168
 Les Sorcières qui dansent. — Les Sorcières du Bollenberg. — Origine de la Sorcellerie. — Les Trois Colombes. — Le Sorcier de l'Oberlauchen. — La Muette du Dahfelsen.

CHAPITRE V. — **Les Petites Divinités.**

I. *Les Nains et les Lutins* 179
 Origines des Petites Divinités. — Les Génies des montagnes. — Le Lutin du Hoffrieth. — Le Lutin du Redlé. — Le Chien noir de l'Oberlauchen. — Le Lutin de la Roll. — Le Nain du Dengelsbach. — La Cave du Husenbourg. — Le Lièvre tripède. — *Küterlé*.

II. *Les Naines* 191
 Les Cloches païennes de Buhl, de Lautenbach et de Soultzmatt. — Les Pucelles ou *Docken*. — Les Trois Nornes. — Le Cauchemar. — La Naine du Kohlschlag.

III. *Les Elfs* 199
 Origine des Elfs. — La Danse des Elfs. — Les Elfs aériens. — Les Elfs des Plantes. — Les Elfs d'eau. — Les Elfs des Montagnes. — Les Deux Jumeaux.

IMPRIMERIE DE J. B. JUNG A GUEBWILLER.

www.ingramcontent.com/pod-product-compliance
Lightning Source LLC
Chambersburg PA
CBHW071931160426
43198CB00011B/1346